# PERFEKTE HAUSGEMACHTE PASTA HERSTELLEN

100 SCHNELLE & EINFACHE NUDELN REZEPTE

WENZEL STROMAN

**Haftungsausschluss**

Die in diesem eBook enthaltenen Informationen sollen als umfassende Sammlung von Strategien dienen, die der Autor dieses eBooks erforscht hat. Zusammenfassungen, Strategien, Tipps und Tricks sind nur Empfehlungen des Autors, und das Lesen dieses eBooks garantiert nicht, dass die eigenen Ergebnisse genau die Ergebnisse des Autors widerspiegeln. Der Autor des eBooks hat alle zumutbaren Anstrengungen unternommen, um aktuelle und genaue Informationen für die Leser des eBooks bereitzustellen. Der Autor und seine Mitarbeiter haften nicht für unbeabsichtigte Fehler oder Auslassungen, die möglicherweise gefunden werden. Das Material im eBook kann Informationen von Dritten enthalten. Materialien von Drittanbietern enthalten Meinungen, die von ihren Eigentümern geäußert werden. Daher übernimmt der Autor des eBooks keine Verantwortung oder Haftung für Materialien oder Meinungen Dritter.

# INHALTSVERZEICHNIS

# EINLEITUNG

Die Zutaten, die zur Herstellung frischer Nudeln verwendet werden, sind Mehl und Eier und optional Salz. Dies führt zu einem der rätselhaftesten Aspekte bei der Herstellung von hausgemachter Pasta. Mit nur zwei Hauptzutaten wäre es Ihnen verziehen, sich zu fragen, worum es bei der ganzen Aufregung geht. Wie kann es schwierig sein? Nun, es muss natürlich nicht schwierig sein.

Es gibt einfache Rezepte, die bei sorgfältiger Anwendung mit der richtigen Menge Flüssigkeit und der richtigen Mehlsorte jedes Mal hervorragende Ergebnisse liefern. Es gibt nur so viele Möglichkeiten, die Rezepte zu variieren, um wünschenswerte Ergebnisse zu erzielen, dass es sich lohnt, nur die Variablen zu berücksichtigen, die eine Rolle spielen.

Jetzt ist das klassische italienische Mehl, das für alltägliche Nudeln verwendet wird, in Italien und in einigen anderen Ländern als

„00"-Mehl bekannt. Die Italiener verwenden eine Skala von 00 bis 04, um die Farbe der Mehle anzugeben. Die Farbe hängt davon ab, wie viel Kleie und Keime aus dem Mehl „extrahiert" wurden. Kleie und Keime geben dem Mehl seine Farbe. Das '00' wurde daher von Kleie und Keimen befreit und ist daher ein sehr weißes und glattes Mehl, das natürlich seidenweiche Nudeln ergibt, die für viele Anwendungen ideal sind.

Abgesehen von diesen Sonderfällen ist Gluten eine Schlüsselkomponente des Nudelherstellungsprozesses. Wenn es mit der Flüssigkeit vermischt und eine Weile stehen gelassen wird, bildet Gluten Bindungen auf chemischer Ebene. Dadurch wird der Teig dehnbar und elastisch. Es hält den Teig zusammen und verhindert, dass er bröckelt oder auseinanderfällt. Gluten ist die gleiche Zutat, die dem Brotteig seine Eigenschaften verleiht.

# AROMATISIERTER NUDELTEIG

## 1. Selbstgemachter Zitronen-Nudelteig

**Zutaten:**

- $2\frac{1}{4}$ Tasse Allzweckmehl
- $\frac{3}{4}$ Teelöffel Salz
- 3 Eier (mit 2 ganzen Eiern + 1 Eigelb)
- 2 Esslöffel Zitronensaft
- 3 Esslöffel fein abgeriebene Zitronenschale
- 1 Esslöffel Olivenöl

**Richtungen:**

a) Mehl auf eine große bemehlte Fläche geben. Machen Sie einen Brunnen in der Mitte. Eier in die Vertiefung schlagen. Salz, Öl und Wasser hinzufügen. Die Mischung in der Vertiefung mit einer Gabel schlagen.

b) Mit einer Gabel das Mehl vorsichtig in die Flüssigkeit einarbeiten. Fahren Sie fort, bis der Teig klebrig wird und sich mit der Gabel nur noch schwer bearbeiten lässt.

Den groben Teig mit den Händen zu einer Kugel formen.

c) Übertragen Sie den Teig auf eine leicht bemehlte Oberfläche. Den Teig kneten, bis er glatt und elastisch ist, etwa 10 Minuten. Wickeln Sie die Teigkugel in ein Stück Frischhaltefolie und lassen Sie sie 10 - 15 Minuten ruhen.

d) Fahren Sie mit dem Rollen und Schneiden der Nudeln fort.

## 2. Nudelteig aus Tomatenmark

**Zutaten:**

- 2 $\frac{1}{4}$ Tassen Allzweckmehl
- 2 Eier $\frac{3}{4}$ Teelöffel Salz
- 1 Esslöffel Olivenöl
- 1 Esslöffel Wasser
- 1/3 Tasse Tomatenmark

**Richtungen:**

a) Mehl auf eine große bemehlte Fläche geben. Machen Sie einen Brunnen in der Mitte. Eier in die Vertiefung schlagen. Salz, Öl und Wasser hinzufügen. Die Mischung in der Vertiefung mit einer Gabel schlagen. Mit einer Gabel das Mehl vorsichtig in die Flüssigkeit einarbeiten.

b) Fahren Sie fort, bis der Teig klebrig wird und sich mit der Gabel nur noch schwer bearbeiten lässt. Den groben Teig mit den Händen zu einer Kugel formen. Übertragen Sie den Teig auf eine leicht bemehlte Oberfläche.

c) Den Teig kneten, bis er glatt und elastisch ist, etwa 10 Minuten. Wickeln Sie die Teigkugel in ein Stück Frischhaltefolie und lassen Sie sie 10 - 15 Minuten ruhen.

d) Fahren Sie mit dem Rollen und Schneiden der Nudeln fort.

## 3. Vollkornnudeln

(macht 1 12/ lbs.)

**Zutaten:**

- 1 ½ Tassen Allzweckmehl
- 4 Eier
- 1 ½ Tassen Vollkornmehl
- 1 Esslöffel Olivenöl
- 3 Esslöffel Wasser ½ Teelöffel Salz

**Richtungen:**

a) Mehl auf eine große bemehlte Fläche geben. Machen Sie einen Brunnen in der Mitte. Eier in die Vertiefung schlagen. Salz, Öl und Wasser hinzufügen. Die Mischung in der Vertiefung mit einer Gabel schlagen. Mit einer Gabel das Mehl vorsichtig in die Flüssigkeit einarbeiten. Fahren Sie fort, bis der Teig klebrig wird und sich mit der Gabel nur noch schwer bearbeiten lässt. Den groben Teig mit den Händen zu einer Kugel formen.

b) Übertragen Sie den Teig auf eine leicht bemehlte Oberfläche. Den Teig kneten, bis er glatt und elastisch ist, etwa 10 Minuten. Wickeln Sie die Teigkugel in ein Stück Frischhaltefolie und lassen Sie sie 10 - 15 Minuten ruhen.

c) Fahren Sie mit dem Rollen und Schneiden der Nudeln fort.

# 4. Nudelteig mit Spinat

**Zutaten:**

- 2 $\frac{1}{4}$ Tassen Allzweckmehl
- 2 Eier
- $\frac{3}{4}$ Teelöffel Salz
- 1 Teelöffel Olivenöl
- 1 Bund Babyspinatblätter, gewaschen

**Richtungen:**

a) Spinatstiele abschneiden und in 3 Liter kochendes Wasser geben. Den Spinat in das kochende Wasser tauchen und 2 Minuten blanchieren. Mit einer Schaumkelle aus dem kochenden Wasser nehmen und sofort in eine Schüssel mit kaltem Wasser und Eis geben.

b) Wenn der Spinat abgekühlt ist, aus dem Wasser nehmen und auf Küchenpapier legen. Mit zusätzlichem Papiertuch abtupfen und so viel Wasser wie möglich entfernen. In die Küchenmaschine geben und pürieren, bis eine sehr feine Paste entsteht.

c) Mehl, Salz, Eier, Spinat und Olivenöl in den Mixer geben. Gut mischen, bis sich ein Teig bildet. Wenn es zu klebrig ist, etwas mehr Mehl und weiter mischen. Auf einem leicht bemehlten Brett kneten und in Frischhaltefolie gewickelt 10-15 Minuten ruhen lassen. Schneiden Sie nach Belieben.

## 5. Glutenfreie Nudeln

**Zutaten:**

- 2/3 Tasse Maismehl
- ½ Tasse Quinoamehl
- ½ Tasse Kartoffelstärke
- 2 Teelöffel Xanthangummi
- 1 Teelöffel Guarkernmehl
- 1 Teelöffel feines Meersalz
- 2 große Eier
- 4 Eigelb von großen Eiern

**Richtungen:**

a) Maismehl, Quinoamehl und Kartoffelstärke in eine große Schüssel sieben. Xanthangummi, Guarkernmehl und Salz hinzufügen. Rühren Sie die gesamte Mischung in die Schüssel des Standmixers.

b) Eier und Eigelb in die Schüssel mit den trockenen Zutaten geben.

c) Lassen Sie den Standmixer bei mittlerer Geschwindigkeit mit einem Paddelaufsatz laufen, bis sich der Teig vollständig geformt anfühlt, etwa 3 Minuten. Der fertige Teig sollte sich fest und dennoch geschmeidig anfühlen.

d) Teig in 4 Teile schneiden. Und rollen Sie jedes Stück auf etwa $\frac{1}{2}$ Zoll Dicke aus. Den Teig von beiden Seiten leicht mit etwas Kartoffelstärke bemehlen. Durch die Nudelmaschine laufen lassen.

e) Wenn Sie glutenfreie Nudeln kochen, geben Sie die Nudeln in kochendes Wasser und probieren Sie ein Stück, wenn es nach oben steigt. In einem Moment ist es al dente und im nächsten ist es eine große Kugel Brei, also beobachte den Topf sorgfältig. Normalerweise etwa 4-5 Minuten

f) Sie können Kartoffelstärke durch Tapiokamehl oder Maisstärke ersetzen

## 6. Koriander-Nudelteig

Ausbeute: 1 Portionen

**Zutaten:**

- 1 Tasse Mehl
- $\frac{1}{4}$ Tasse Grob gehackter Koriander
- $\frac{1}{4}$ Teelöffel Salz
- 1 Ei, geschlagen
- 4 Teelöffel Wasser
- 1 Teelöffel Olivenöl
- 2 Esslöffel Mehl

**Richtungen:**

a) Mehl, Koriander und Salz in einer Schüssel verrühren. Machen Sie einen Brunnen in der Mitte. Kombinieren Sie Wasser, Ei und Olivenöl. Zur Mehlmischung geben und gut vermischen.

b) Eine flache Oberfläche mit 2 EL Mehl bestreuen.

c) Teig auf die Oberfläche stürzen. Kneten, bis der Teig glatt und elastisch ist, etwa 10 Minuten. Zugedeckt 10 Minuten ruhen lassen.

d) Teig halbieren; Jede Hälfte zu einer Kugel formen.

## 7. Nudelteig aus der Küchenmaschine

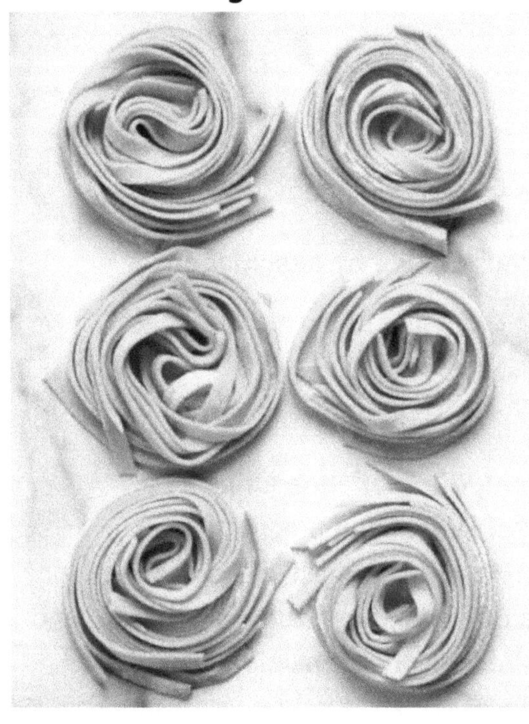

Ausbeute: 1 Portionen

**Zutaten:**

- 2 Tassen Allzweckmehl
- 2 große Eier; leicht geschlagen
- 1 Esslöffel Olivenöl

**Richtungen:**

a) Das Mehl, die Eier, das Öl und 1½ Esslöffel Wasser in einer Küchenmaschine mixen, bis die Mischung gerade anfängt, eine Kugel zu bilden, und mehr Wasser tropfenweise hinzufügen, wenn der Teig zu trocken ist. (Der Teig sollte fest und nicht klebrig sein.)

b) Mischen Sie den Teig weitere 15 Sekunden, um ihn zu kneten. Der Teig kann bis zu diesem Punkt zubereitet und bis zu 4 Stunden abgedeckt und gekühlt aufbewahrt werden. Den Teig abgedeckt mit einer umgedrehten Schüssel 1 Stunde bei Raumtemperatur stehen lassen.

c) Nudelteig rollen: Stellen Sie die glatten Walzen einer Nudelmaschine auf die höchste Zahl. (Die Walzen stehen weit auseinander.)

d) Teilen Sie jedes Pfund Teig in 6 Stücke, drücken Sie 1 Stück zu einem groben Rechteck flach und decken Sie die restlichen Stücke mit einer umgedrehten Schüssel ab.

e) Das Rechteck mit Mehl bestäuben und durch die Walzen führen. Falten Sie das Rechteck in der Mitte und führen Sie es noch 8 oder 9 Mal durch die Walzen, wobei Sie es jedes Mal in der Mitte falten und bei Bedarf mit Mehl bestäuben, damit es nicht kleben bleibt.

f) Drehen Sie die Wählscheibe um eine Stufe nach unten und führen Sie den Teig durch die Walzen, ohne ihn zu falten.

g) Führen Sie den Teig weiter durch die Walzen, ohne ihn zu falten, und drehen Sie die Wählscheibe jedes Mal um eine Stufe nach unten, bis die niedrigste oder zweitniedrigste Stufe erreicht ist.

h) Der Nudelteig sollte ein glattes, langes Blatt mit einer Breite von etwa 4 oder 5 Zoll und einer Dicke von etwa 1/16 Zoll sein. Den restlichen Nudelteig auf die gleiche Weise ausrollen.

# 8. Nudelteig aus Kräutern

Ausbeute: 1 Portionen

**Zutaten:**

- 2 Tassen Allzweckmehl
- 1 Teelöffel Salz
- 2 große Eier, leicht geschlagen
- 1 Esslöffel Olivenöl
- $\frac{1}{4}$ Tasse Wasser plus 3 Teelöffel Wasser
- 1 großes italienisches Petersilienblatt, gewaschen und getrocknet
- Dill, Estragon oder Koriander, gewaschen und getrocknet

**Richtungen:**

a) In einer Küchenmaschine Mehl, Salz, Eier, Öl und $\frac{1}{4}$ Tasse Wasser mischen; verarbeiten, bis der Teig anfängt, eine Kugel zu bilden. Fügen Sie mehr Wasser hinzu, nur bei Bedarf, 1 Teelöffel auf einmal. Verarbeiten Sie 30 Sekunden mehr, um zu kneten. Den Teig aus der Verarbeitungsmaschine nehmen und mit einer umgedrehten Schüssel abgedeckt 1 Stunde bei Raumtemperatur ruhen lassen.

b) Teig in 4 Stücke teilen. Stellen Sie die Walzen der Nudelmaschine auf die breiteste Einstellung.

c) 1 Stück Teig zu einem Rechteck flachdrücken (andere Stücke mit umgekehrter Schüssel abdecken). Rechteck leicht mit Mehl bestäuben und durch Walzen führen. Falten Sie das Rechteck in der Mitte und führen Sie es noch 6 bis 8 Mal durch die Walzen, falten Sie es jedes Mal in die Hälfte und bestäuben Sie es leicht mit Mehl, damit es nicht an der Maschine klebt. Drehen Sie die Wählscheibe um eine Stufe nach unten und füttern Sie den Teig bis zur letzten Einstellung.

d) Teigblätter in gleich lange Stücke schneiden. Bedecken Sie die Oberfläche eines Blattes mit frischen Kräuterblättern (Stiele entfernt). Mit dem zweiten Teigblatt belegen. Mit einem leicht bemehlten Nudelholz die Teigblätter dicht ausrollen. Teig mit Teigrädchen oder Messer in große Formen schneiden und ganz leicht mit Mehl bestäuben.

# 9. Pilz-Knoblauch-Nudelteig

Ausbeute: 1 Portionen

**Zutaten:**

- 1 Ei
- 1 Esslöffel Öl
- $\frac{1}{4}$ Tasse Wasser
- $\frac{1}{2}$ Teelöffel Salz
- $14\frac{1}{2}$ Teelöffel Schwarzer Pfeffer
- 1 Esslöffel gehackter Knoblauch
- 5 mittelgroße Pilze
- 2 Tassen Mehl

**Richtungen:**

a) Mehl in den Mischbehälter der Nudelmaschine geben. Die ersten 7 Zutaten pürieren. Zum Mehl in den Mischbehälter geben.

b) Gründlich mischen.

c) Wenn der Teig zu klebrig ist, fügen Sie nach und nach mehr Mehl hinzu; Wenn der Teig zu trocken ist, fügen Sie nach und nach mehr Wasser hinzu, bis der Teig die richtige Konsistenz zum Extrudieren hat.

# 10. Mürbeteig

Ausbeute: 1 Portionen

**Zutaten:**

- 2 Tassen ungebleichtes Allzweckmehl
- ½ Tasse) Zucker
- ¼ Teelöffel Salz
- ⅞ Tasse Ungesalzene Butter; (1 3/4 Sticks) bei Raumtemperatur
- 1 ganzes Ei
- 1 Eigelb
- ¾ Teelöffel Vanilleextrakt
- ½ Teelöffel Zitronenextrakt
- Zusätzliches Mehl für Arbeitsfläche und Hände

**Richtungen:**

a) In einer großen Rührschüssel Mehl, Zucker, Salz und Butter mischen. Mit einem Handmixer auf niedriger Stufe schlagen, bis die Mischung krümelig ist und erbsengroße Kugeln bildet.

b) In einer separaten Schüssel Vollei, Eigelb, Vanille- und Zitronenextrakte vermischen und mit einer Gabel leicht verquirlen. Fügen Sie das Ei hinzu, das Sie leicht mit einer Gabel schlagen. Die Eiermischung zur Mehlmischung geben und auf niedriger Stufe schlagen, bis eine grobe, zottige Masse entsteht.

c) Den Teig auf einer leicht bemehlten Arbeitsfläche ausrollen. Bestäuben Sie Ihre Hände mit Mehl und kneten Sie den Teig, bis er glatt ist und alle Zutaten gründlich eingearbeitet sind, etwa 1 Minute.

d) Wickeln Sie es ein und kühlen Sie es mindestens 1 Stunde lang, bevor Sie es verwenden, oder lagern Sie es bis zu 4 Tage lang.

e) Wenn er länger als 1 Stunde gekühlt wird, wird der Teig ziemlich hart. Lassen Sie es leicht erwärmen, bevor Sie mit der Arbeit beginnen. Sie können ein paar Mal mit einem Nudelholz darauf drücken, um es formbarer zu machen. Behandeln Sie es nicht zu viel oder es wird hart backen. (Ergibt etwa $1\frac{1}{4}$ Pfund Teig)

# 11. Grundlegende Grießnudeln

4 Portionen

**Zutaten:**

- 400 Gramm Grießmehl (14,1 Unzen) plus mehr zum Ausrollen des Teigs
- 4 große Eier leicht geschlagen, vorzugsweise aus Bio- und Freilandhaltung
- 1/2 Teelöffel feines Meersalz

**Richtungen:**

a) Das Mehl auf eine gut gereinigte Küchentheke geben und zu einem Nest formen.

b) In die Vertiefung in der Mitte des Mehls die leicht geschlagenen Eier und das Salz geben.

c) Beginnen Sie, die Mischung mit einer Gabel zu vermischen, und fügen Sie langsam das Mehl von den äußeren Rändern des Nestes in die Mitte hinzu, bis alles gut eingearbeitet ist.

d) Nachdem die Mehl-Ei-Mischung vollständig eingearbeitet ist, bedecken Sie die Theke und Ihre Hände mit einer Prise Mehl. Den Teig ca. 15 Minuten kneten, bis er etwa die Konsistenz von Modelliermasse hat.

e) Den Teig zu einer Kugel formen und in Frischhaltefolie wickeln und etwa 30 Minuten im Kühlschrank kalt stellen.

f) Nach dem Abkühlen den Teig auf eine saubere, mit Grießmehl bestäubte Oberfläche geben (wiederum, um ein Anhaften zu verhindern) und in zwei gleichmäßige Stücke teilen.

g) Streuen Sie mehr Mehl auf Ihre Theke und auf ein Nudelholz. Die Teigkugel mit dem Nudelholz (oder mit einer Nudelmaschine, falls vorhanden) flach drücken.

h) Rollen Sie den Teig mit der Stifteinheit, er wird durchscheinend. Geben Sie nach Bedarf Staub auf die Arbeitsplatte, Ihre Hände und die Nadel. Dies ist ein ziemlich langwieriger Vorgang, der bis zu 20 Minuten in Anspruch nehmen kann.

i) Beiseite stellen und mit der anderen Hälfte ebenso verfahren. Anschließend den Teig weitere 10 Minuten ruhen lassen.

j) Schneiden Sie die Nudeln in dünne Streifen oder in Formen, die für Ravioli oder andere Nudelsorten geeignet sind.

k) Die fertigen Nudeln mit Mehl bestäuben und halbtrocken aufhängen. Sobald sie teilweise trocken sind, kannst du sie einfrieren oder bis zu vier Tage im Kühlschrank aufbewahren.

## 12. Nudeln aus Mandelmehl

Ausbeute: 4 PORTIONEN

**Zutaten:**

- 2 Tassen (240 g) superfeines blanchiertes Mandelmehl
- $\frac{1}{2}$ Tasse + 2 Esslöffel (82 g) Tapiokamehl/Stärke plus mehr zum Rollen
- $\frac{1}{4}$ Tasse (44 g) süßes Reismehl
- 1 Teelöffel Xanthangummi
- $\frac{1}{4}$ Teelöffel koscheres Salz
- 4 große Eier
- 2 Teelöffel natives Olivenöl extra

**Richtungen:**

a) In einer großen Schüssel oder der Schüssel eines Standmixers oder einer großen Rührschüssel Mandelmehl, Tapiokamehl, süßes Reismehl, Xanthan und Salz verquirlen.

b) In der Mitte des Mehls eine Mulde formen und die Eier in die Mitte schlagen. Fügen Sie das Olivenöl hinzu.

c) Verwenden Sie die Knethaken der Küchenmaschine, um die Eier bei niedriger Geschwindigkeit vorsichtig mit dem Mehl zu vermischen, oder, wenn Sie dies von Hand tun, verwenden Sie eine Gabel, um die Eier in der Mitte der Mulde leicht zu verquirlen, und beginnen Sie dann, alles zu mischen zusammen mit dem Mehl.

d) Sobald alles gut vermischt ist, mit dem Knethaken oder mit den Händen kneten, bis ein Teig entsteht. Wenn Sie es mit den Händen verwenden, wird es ziemlich klebrig sein, also bestreichen Sie es mit Tapiokastärke, um es zu kneten. Dieser Teig ist weicher als herkömmliche Teigwaren.

e) Rollen Sie den Teig zu einer Kugel, bestäuben Sie ihn mit Tapiokastärke und drücken Sie ihn leicht zu einer Scheibe flach. In 6 Stücke schneiden und den Teig in Plastik einwickeln.

f) Bringen Sie 3 Liter Wasser mit einem Teelöffel Salz in einem großen Topf zum Kochen.

g) Drücken Sie den Teig Stück für Stück auf eine mit Tapioka bemehlte Oberfläche, bis er so dünn ist, wie Sie ihn mit Ihren Händen machen können, und bewahren Sie die anderen Stücke in Plastikfolie unter einem Handtuch auf.

h) Rollen Sie jedes Stück mit einer Nudelrolle oder einem Nudelholz zu einer dünnen Platte aus und bestäuben Sie jedes Mal, wenn Sie es durch die Rollen führen, leicht beide Seiten mit Tapiokamehl.

i) Wenn Sie den Kitchen-Aid-Nudelausrollaufsatz verwenden, schicken Sie den Teig durch Stufe 1, falten Sie ihn in der Mitte und schicken Sie ihn dann erneut. Wiederholen, bis es glatt durchläuft, dann die Dicke um eine Stufe reduzieren und auf eine Dicke von 2 oder

3 rollen. Vor dem Schneiden jede Seite mit Tapiokamehl bestäuben. Wenn Sie von Hand rollen, bedecken Sie Ihre Oberfläche stark mit Tapiokastärke und rollen Sie sie, bis sie sehr dünn ist.

j) Schneiden Sie entweder von Hand oder mit dem Fettuccine-Schneideraufsatz jedes Blatt in Nudeln. Dazu von Hand beide Seiten mit Tapiokamehl bestäuben, leicht auf sich selbst falten und in dünne Streifen schneiden. Legen Sie die Nudeln in ein Nest auf ein mit Tapioka bemehltes Backblech, während Sie den Rest ausrollen.

k) Legen Sie ungekochte Nudeln zum Aufbewahren zwischen Pergamentpapierbögen in einen gefrierfesten Beutel. Bis zu 6 Monate einfrieren. Gefrorene Nudeln ohne Auftauen direkt aus der Tüte kochen.

l) Die Nudeln in das kochende Wasser geben und 3-4 Minuten kochen, dabei gelegentlich umrühren. Lassen Sie die Nudeln in einem Sieb abtropfen und schwenken Sie sie vorsichtig mit etwas Olivenöl, damit sie nicht zusammenkleben.

m) Mit Ihrer Lieblingssauce servieren!

# 13. Selbstgemachte vegane Chia-Pasta

dient 4

**Zutaten:**

- 300 g (2 1/3 Tassen) Brotmehl
- 100 g Grieß
- 2 Esslöffel Chiasamen
- 3/4 Teelöffel Salz
- 200 ml/1/2 Tassen + 4 oder 5 Esslöffel Wasser

**Richtungen**

a) Alles in der angegebenen Reihenfolge in die Küchenmaschine (oder einfach in eine Schüssel) geben. Gießen Sie nicht das ganze Wasser auf einmal, Sie brauchen vielleicht nicht alles. Pulsieren, bis alles zusammenkommt, herausnehmen und kneten, um einen schönen, festen, aber elastischen Teig zu erhalten, der nicht klebrig ist.

b) In 10 oder mehr Stücke teilen, die nicht verwendeten abdecken, damit der Teig nicht austrocknet. Etwas Mehl auf die Oberfläche und den Teig streuen, rollen (oder mit den Händen flach drücken) und durch die Nudelmaschine von dicker zu dünnerer Größe laufen lassen. Die Blätter sollten so breit sein, wie Sie es bequem finden, und so lang, wie Sie Ihre Nudeln haben möchten. Was die Dicke angeht: Die beste Dicke beträgt etwa 2 - 3 Millimeter.

c) Wenn Sie Ihr Teigblatt durch die Maschine laufen lassen und die Chia-Samen knacken hören, ist das zu dünn und die Nudeln kleben beim Kochen. Bestreuen Sie die Blätter oft mit Mehl - das hilft auch gegen das Anhaften.

d) Achten Sie darauf, dass die Oberfläche, auf der Sie die Blätter oder die fertigen Nudeln auslegen, ebenfalls bemehlt ist. Führen Sie die Blätter schließlich durch Schneidzylinder in Ihrer Maschine und stellen Sie eine Pasta her. Nudeln trennen, wenn sie zusammenkleben.

e) Wenn Sie keine Nudelmaschine haben, rollen Sie den Teig einfach so dünn wie möglich aus und schneiden Sie die Nudeln dann mit einem scharfen Messer aus. Passen Sie auf, dass Sie den Teig ständig abstauben, damit er nicht klebt und Ihnen auf die Nerven geht. Und nach dem Kochen wieder kleben.

f) In der Zwischenzeit einen großen Topf mit Wasser zum Kochen bringen. Fügen Sie 1 Esslöffel Salz und einen Spritzer Essig hinzu. Sie können auch ein oder zwei Lorbeerblätter für ein besonderes Aroma hinzufügen, aber wenn Sie sich nicht sicher sind, ob Sie Lorbeerblattaroma mögen, tun Sie es lieber nicht, da es sich für jemanden, der es nicht mag, stark anfühlen könnte.

g) Heben Sie die Nudeln mit dem Messer an, sodass das überschüssige Mehl abfällt, und lassen Sie sie ins Wasser fallen. Sofort umrühren, damit sich die Nudeln trennen und nicht am Boden kleben bleiben.

h) Nach einer kurzen Minute, wenn das Wasser wieder zu kochen beginnt und leicht schäumt, sollten die Nudeln al dente sein. Geben Sie ihnen eine kurze Minute und raus gehen sie zum Sieb, oder sie verkochen und kleben. Nudeln sollten auf keinen Fall durchscheinend sein! Im Gegenteil, sie sind eher weiß.

i) Außerdem puffen sie nicht und werden nicht dicker als Eiernudeln. Die Nudeln mit etwas Öl bespritzen und vorsichtig mit zwei Gabeln von unten nach oben anheben, damit alles bedeckt ist.

j) Tun Sie es sofort in das Sieb, fügen Sie etwas Salz hinzu, wenn Sie möchten, und geben Sie es dann in eine andere Schüssel.

## 14. Hausgemachte Safrannudeln

**Zutaten:**

- 1 Prise Safranfäden
- 2 Esslöffel heißes Wasser
- 2 $\frac{1}{2}$ Tassen italienisches 00-Mehl
- 3 große Eier
- 1 Prise Salz

**Richtungen:**

a) Safranfäden 30 Minuten in heißem Wasser einweichen.

b) Mehl auf eine Arbeitsfläche aus Marmor oder Holz geben. Machen Sie eine Vertiefung in der Mitte und schlagen Sie die Eier hinein; Salz und Safranwasser hinzufügen. Eier, Safran und Wasser mit einer Gabel vorsichtig schlagen und das umgebende Mehl einarbeiten, bis die Mischung flüssig ist. Das restliche Mehl mit einem Bankschaber in die Mitte ziehen und einarbeiten, bis der Teig eine Kugel bildet. Fügen Sie mehr Wasser hinzu, 1 Esslöffel auf einmal, wenn der Teig zu fest ist.

c) Kneten Sie den Teig mit Ihren Händen, indem Sie die Kugel flach drücken, dehnen und die Oberseite zur Mitte hin falten. Um 45 Grad drehen und wiederholen, bis der Teig weich und glatt ist, etwa 10 Minuten.

d) Teig zu einer Kugel formen. In eine Schüssel geben und mit Plastikfolie abdecken. Kühl stellen, bis sie fest ist, 30 Minuten bis 1 Stunde.

e) Den Teig mit einer Nudelmaschine oder mit einem Nudelholz ausrollen und in Lasagneplatten oder Tagliatelle schneiden.

# NUDELFÜLLUNG

## 15. Spinat-Ricotta-Füllung

**Zutaten:**

- 1 Pfund Spinat
- 1 Ei
- 1 Esslöffel Salz
- 2 Esslöffel Sahne
- 1 Pfund Ricotta-Käse
- 4 Esslöffel geriebener Parmigiano Reggiano
- $\frac{1}{4}$ Teelöffel Muskatnuss Prise schwarzer Pfeffer

**Richtungen:**

a) In einem Topf mit kochendem Wasser den Spinat mit der Hälfte des Salzes weich kochen.

b) Den Spinat aus dem kochenden Wasser nehmen und 2-3 Minuten abkühlen lassen.

c) Das Wasser aus dem Spinat auspressen und grob hacken.

d) In einer Rührschüssel gehackten Spinat, Ricotta-Käse, Ei, Schlagsahne und 4 Esslöffel Parmigiano Reggiano mischen. Mit Muskatnuss, restlichem Salz und schwarzem Pfeffer würzen.

## 16. Salbeibraune Butter

**Zutaten:**

- $\frac{1}{4}$ Pfund Butter
- 1 kleine Schalotte, gehackt
- 1 Esslöffel Gehackter Salbei
- 1 Knoblauchzehe, gehackt

**Richtungen:**

a) Für die Sauce die Butter in einem Saucentopf schmelzen. Langsam erhitzen, bis die Butter eine goldene Farbe annimmt.

b) Den Topf vom Herd nehmen und schnell alle restlichen Zutaten hinzugeben.

c) Umrühren und mit den Ravioli servieren.

## 17. Geröstete Butternut-Kürbis-Füllung

**Zutaten:**

- 2 Pfund Butternusskürbis, längs halbiert und entkernt
- $\frac{1}{4}$ mittlere Zwiebel, gehackt
- 1 Esslöffel Salbei, gehackt
- 1 Esslöffel ungesalzene Butter
- $\frac{1}{4}$ Tasse Sahne
- 1 Knoblauchzehe, gehackt

**Richtungen:**

a) Backofen auf 400 Grad vorheizen. Den Kürbis auf einem Backblech buttern und in den Ofen stellen. Bis Gabel zart kochen.

b) Den Kürbis aushöhlen und mit Zwiebel, Salbei, Knoblauch, Schlagsahne und geröstetem Kürbis in einen Topf geben.

c) Zum Kochen bringen und auf ein Köcheln reduzieren. 5 Minuten kochen, bis es eindickt.

# 18. Garnelen-Scampi-Füllung

**Zutaten:**

- 5 Esslöffel Butter
- 2 Esslöffel Olivenöl
- ½ ganze mittlere Zwiebel, fein gewürfelt
- 4 Knoblauchzehen Knoblauchzehen, gehackt
- 1 Pfund große Garnelen, geschält und entdarmt
- ½ Tassen Weißwein
- 4 Spritzer Hot Sauce
- 2 ganze Zitronen, entsaftet
- Salz und frisch gemahlener schwarzer Pfeffer nach Geschmack
- 8 Unzen, Gewicht Angel Hair Pasta
- Gehackter frischer Basilikum nach Geschmack
- Gehackte frische Petersilie nach Geschmack
- ½ Tassen frisch geriebener Parmesankäse

**Richtungen:**

a) Olivenöl erhitzen und Butter in einer großen Pfanne bei mittlerer Hitze schmelzen. Zwiebeln hinzufügen

b) & Knoblauch und kochen Sie zwei oder drei Minuten lang oder bis die Zwiebeln durchscheinend sind. Garnelen hinzufügen, umrühren und einige Minuten kochen lassen. Zitronensaft hineinpressen. Fügen Sie Wein, Butter, Salz und Pfeffer und scharfe Soße hinzu. Sie können nach Belieben mehr scharfe Sauce hinzufügen. Rühren und Hitze auf niedrig reduzieren.

c) Angel Hair Pasta in das kochende Wasser werfen. Garen bis gerade fertig/AL dente.

d) Abgießen, dabei ein bis zwei Tassen Nudelwasser auffangen.

e) Bratpfanne vom Herd nehmen. Fügen Sie die Nudeln hinzu und schwenken Sie sie, fügen Sie einen Spritzer Nudelwasser hinzu, wenn sie verdünnt werden müssen.

Probieren Sie nach Gewürzen und fügen Sie bei Bedarf Salz und Pfeffer hinzu.

f) Auf eine große Servierplatte gießen und mit frisch geriebenem Parmesankäse und gehackter Petersilie bestreuen. Sofort servieren. Genießen.

## 19. Klassisches Basilikumpesto

**Zutaten:**

- 3 Knoblauchzehen, abziehen
- $\frac{1}{4}$ Tasse Pinienkerne
- 2 Tassen frische Basilikumblätter
- 2 Esslöffel frische Petersilienblätter, optional
- 7 Esslöffel Natives Olivenöl extra
- Salz
- frisch gemahlener schwarzer Pfeffer
- $\frac{1}{4}$ Tasse fein geriebener Parmesan oder römischer Pecorino-Käse

**Richtungen:**

a) Knoblauch in einer mittelgroßen Pfanne bei mittlerer Hitze rösten, die Pfanne gelegentlich schütteln, bis er weich und fleckig braun ist, etwa 8 Minuten lang.

b) Wenn es kühl genug zum Anfassen ist, entfernen und entsorgen Sie die Häute. Während der Knoblauch abkühlt, die

Nüsse in der Pfanne bei mittlerer Hitze unter häufigem Rühren rösten, bis sie goldbraun sind und duften, 4 bis 5 Minuten.

c) Basilikum und Petersilie, falls verwendet, in einen Beutel mit Reißverschluss in Gallonengröße geben. Stampfen Sie den Beutel mit der flachen Seite eines Fleischklopfers oder eines Nudelholzes, bis alle Blätter gequetscht sind.

d) Knoblauch, Nüsse, Kräuter, Öl und etwa $\frac{1}{2}$ Teelöffel Salz in einer Küchenmaschine zu einer glatten Masse verarbeiten und die Schüssel nach Bedarf auskratzen.

e) Mischung in eine kleine Schüssel umfüllen, Käse unterrühren und mit Salz und Pfeffer abschmecken. (Pesto kann bis zu 3 Tage in einer Schüssel mit Plastikfolie oder einer dünnen Ölschicht, die die Oberfläche des Pesto bedeckt, gekühlt werden.)

# NUDELSUPPE

## 20. Rosmarin-Nudeln Muschelsuppe

Portionen: 4

**Zutaten:**

- 2 Teelöffel Olivenöl
- 1/2 C. Vollkornpastaschalen oder 1/2 C. Schale 1 Knoblauchzehe, fein gehackt
- Pasta
- 1 Schalotte, fein gewürfelt
- 1 Teelöffel Rosmarin
- 3 -4 C. fettfreie Hühnerbrühe oder 3 -4 C.
- 3 C. Babyspinat, gereinigt und getrimmt
- Gemüsebrühe
- 1/8 Teelöffel schwarzer Pfeffer
- 1 (14 1/2 oz.) Dose gewürfelte Tomaten
- 1 Prise zerkleinerte Paprikaflocken
- 1 (14 1/2 oz.) Dose weiße Bohnen (Cannellini
- oder andere)

**Richtungen:**

a) Einen großen Topf auf mittlere Hitze stellen. Öl darin erhitzen. Fügen Sie den Knoblauch und die Schalotte hinzu und kochen Sie sie 4 Minuten lang.

b) Brühe, Tomaten, Bohnen und Rosmarin, schwarzen und roten Pfeffer einrühren. Kochen Sie sie, bis sie zu kochen beginnen. Die Nudeln einrühren und die Suppe 12 Minuten köcheln lassen.
c) Den Spinat einrühren und die Suppe köcheln lassen, bis sie zusammenfällt. Die Suppe warm servieren.
d) Genießen.

## 21. Bell-Nudelsuppe

Portionen: 8

**Zutaten:**

- 1 Esslöffel Olivenöl
- 1 1/2 C. Kidneybohnen, gekocht
- 1 Zwiebel, gehackt
- 2 Teelöffel gehackter frischer Thymian
- 2 Knoblauchzehen, gehackt
- 1/2 C. gehackter Spinat
- 1 rote Paprika, gehackt
- 1 C. Muschelnudeln
- 3 C. fettarme, niedrige Hühnerbrühe
- gemahlener schwarzer Pfeffer nach Geschmack
- 1 C. ganze Tomaten aus der Dose, gehackt

**Richtungen:**

a) Einen großen Topf auf mittlere Hitze stellen. Öl darin erhitzen. Fügen Sie die Zwiebel und den Knoblauch hinzu und kochen Sie sie 5 Minuten lang. Paprika einrühren und 3 Minuten garen.

b) Brühe, Tomaten und Bohnen unterrühren. Kochen Sie sie, bis sie zu kochen beginnen. Die Hitze reduzieren und die Suppe 20 Minuten köcheln lassen.

c) Thymian, Spinat und Nudeln hinzufügen. Die Suppe 5 Minuten kochen. Passen Sie die Würze der Suppe an. Warm servieren.

d) Genießen.

# 22. Geräucherte sonnengetrocknete Tomatensuppe

Portionen: 8

**Zutaten:**

- 2 Scheiben Putenschinken, fein gehackt
- 1 Bund roter oder weisser Mangold
- 1 Zwiebel, gehackt
- 1/4 C. ungekochte kleine Nudeln, wie Orzo oder
- 1 Knoblauchzehe, gehackt
- 1/4 Teelöffel frisch geriebene Muskatnuss
- 5 große frische Salbeiblätter, gehackt
- 1/8 Teelöffel zerstoßene Paprikaflocken
- 5 Blätter frischer Basilikum, grob gehackt
- 1 Esslöffel geriebener Parmesankäse, geteilt
- 6 C. Hühnerbrühe oder mehr nach Bedarf
- 1 (15 oz.) Dose Cannellini-Bohnen, abgetropft und
- 1 Esslöffel natives Olivenöl extra, geteilt
- 2 Esslöffel gehackte sonnengetrocknete Tomaten
- 2 Unzen. Rinde von Parmesankäse

**Richtungen:**

a) Einen großen Topf auf mittlere Hitze stellen. Fügen Sie den Speck, die Zwiebel, den Knoblauch, die Muskatnuss und die Paprikaflocken hinzu und kochen Sie sie 5 Minuten lang.
b) Rühren Sie die Hühnerbrühe und die Cannellini-Bohnen ein und kochen Sie sie, bis sie zu kochen beginnen. Fügen Sie die sonnengetrockneten Tomaten und das Stück Parmesankäserinde hinzu.
c) Die Suppe 10 Minuten bei schwacher Hitze kochen.
d) Schneiden Sie die Stiele des Mangolds in 3/4-Zoll-Leng und die Blätter in 1-Zoll-breite Scheiben. Die Stiele mit Nudeln in die Suppe geben und 10 Minuten bei schwacher Hitze garen.
e) Mangoldblätter, Salbei und Basilikum dazugeben und 5 Minuten bei schwacher Hitze garen. Die Suppe warm mit Käse servieren.
f) Genießen.

# 23. Chinesische scharf-saure Suppe

Portionen: 1

**Zutaten:**

- 1 (3 oz.) Packungen Ramen-Nudeln
- 2 C. Wasser
- 1/8 C. Pilz, in dünne Scheiben geschnitten
- 1 Esslöffel Reisessig
- 1/8 Teelöffel Chilisauce
- 1 Ei, geschlagen
- 1/8 C. Fleisch, gekocht, in dünne Scheiben geschnitten.
- 1 Frühlingszwiebel

**Richtungen:**

a) In einer Pfanne 2 C des warmen Wassers, Ramen-Nudeln und Pilze hinzufügen und zum Kochen bringen.
b) Reisessig und Chilisauce dazugeben und ca. 5-7 Minuten kochen.
c) Reduziere die Hitze auf mittel.
d) Fügen Sie das geschnittene Fleisch hinzu und rühren Sie um, um es zu kombinieren.
e) Ganz langsam träufeln, das verquirlte Ei unter ständigem Rühren hinzugeben.

f) Die Suppe auf Servierschüsseln verteilen und heiß mit den in Scheiben geschnittenen Zwiebeln bestreuen.

# Aufläufe & Nudelaufläufe

# 24. Crimini Nudelauflauf

Portionen: 6

**Zutaten:**

- 8 h Crimini-Pilze
- 1/3 C. Parmesankäse, gerieben
- 1 C. Brokkoliblüte
- 3 Esslöffel Kräuter der Provence
- 1 C. Spinat, frisches Blatt, dicht gepackt
- 2 EL natives Olivenöl extra
- 2 rote Paprikaschoten, in Julienne geschnitten
- 1 Esslöffel Salz
- 1 große Zwiebel, gehackt
- 1/2 Esslöffel Pfeffer
- 1 C. Mozzarella-Käse, geraspelt
- 1 C. Tomatensauce
- 2/3 Pfund Nudeln

**Richtungen:**

a) Bevor Sie irgendetwas tun, stellen Sie den Ofen auf 450 F ein. Fetten Sie eine Auflaufform mit Öl oder Kochspray ein.

b) Holen Sie sich eine große Rührschüssel: Werfen Sie die Pilze, den Brokkoli, den Spinat, die Paprika und die Zwiebel hinein.
c) Fügen Sie 1 Esslöffel Olivenöl hinzu, salzen Sie, pfeffern Sie sie und werfen Sie sie erneut.
d) Das Gemüse in der eingefetteten Form verteilen und 10 Minuten im Ofen garen.
e) Kochen Sie die Nudeln, bis sie dente werden. Nudeln abgießen und beiseite stellen.
f) Holen Sie sich eine große Rührschüssel: Mischen Sie 1 Esslöffel Olivenöl mit gebackenem Gemüse, Nudeln, Kräutern und Mozzarella-Käse. Die Mischung wieder in der Auflaufform verteilen.
g) Den Käse darüber streuen und 20 Minuten garen. Warm servieren und genießen.

## 25. Romano Rigatoni Auflauf

Portionen: 6

**Zutaten:**

- 1 Pfund gemahlene Wurst (ich verwende Salbeigeschmack)
- 1/4 C. Romano-Käse, gerieben
- 1 (28 oz.) Dose Tomatensauce nach italienischer Art
- gehackte Petersilie zum Garnieren
- 1 (14 1/2 oz.) Dose Cannellinibohnen, abgetropft
- und gespült
- 1 (16 oz.) KARTON Rigatoni-Nudeln
- 1/2 Teelöffel gehackter Knoblauch
- 1 Teelöffel italienische Gewürze
- 3 C. geriebener Mozzarella-Käse

**Richtungen:**

a) Bevor Sie irgendetwas tun, stellen Sie den Ofen auf 350 F ein. Fetten Sie eine große Auflaufform mit etwas Butter oder Öl ein.

b) Einen großen Topf auf mittlere Hitze stellen. Fügen Sie den Knoblauch mit

Würstchen hinzu und kochen Sie sie 6 Minuten lang.

c) Fügen Sie die Tomatensauce, Bohnen und italienische Gewürze hinzu und kochen Sie sie für 5 Minuten bei schwacher Hitze.
d) Die Nudeln nach Herstellerangaben kochen. Nudeln abgießen und in den Topf geben.
e) Gießen Sie die Hälfte der Wurst-Nudel-Mischung in die gefettete Auflaufform und belegen Sie sie dann mit der Hälfte des Mozzarella-Käses. Wiederholen Sie den Vorgang, um eine weitere Ebene zu erstellen.
f) Den Auflauf mit Romano-Käse belegen und ein Stück Alufolie darauf legen. Den Rigatoni-Auflauf 26 Minuten im Ofen garen.
g) Servieren Sie Ihre Rigatoni warm.
h) Genießen.

## 26. Käse-Hähnchen-Sahne-Nudeln

Portionen: 6

**Zutaten:**

- 1 1/2 C. Mehl, plus
- 1 rote Paprika, Julienne geschnitten
- 1 Esslöffel Mehl
- 1/2 C. Weißwein
- 1 Esslöffel Salz
- 1/2 lb. ganze Spinatblätter, gestielt
- 2 Teelöffel schwarzer Pfeffer
- 12 flüssige Unzen. Schlagsahne
- 2 Teelöffel italienische Kräuterwürze
- 1 C. Parmesankäse, gerieben
- 3 Pfund. knochenlose, hautlose Hähnchenbrust
- 3 flüssige Unzen. Pflanzenöl, geteilt
- 1 Pfund Penne-Nudeln
- 1 Esslöffel Knoblauch, gehackt

**Richtungen:**

a) Bevor Sie irgendetwas tun, stellen Sie den Ofen auf 350 F ein.
b) Holen Sie sich eine flache Schüssel: Mischen Sie darin 1 1/2 C. Mehl, Salz,

schwarzen Pfeffer und italienisches Kräutergewürz.

c) Stellen Sie eine große ofenfeste Pfanne auf mittlere Hitze und erhitzen Sie darin etwas Öl.
d) Die Hähnchenbrust mit der Mehlmischung bestreichen und dann in der Pfanne 4 Minuten auf jeder Seite anbraten. Übertragen Sie die Pfanne mit Hähnchen in den Ofen und garen Sie sie 17 Minuten lang.
e) Kochen Sie die Penne-Nudeln, indem Sie den Anweisungen auf der Verpackung folgen, bis sie dente werden.
f) Lassen Sie es ab und legen Sie es beiseite.
g) So machen Sie die Soße:
h) Einen großen Topf auf mittlere Hitze stellen. Fügen Sie ihm 1 Unze hinzu. aus Öl. Kochen Sie darin die rote Paprika mit Knoblauch für 1 Minute. Mehl einrühren.
i) Den Wein einrühren und 1 Minute kochen lassen. Fügen Sie die Sahne und den Spinat hinzu und kochen Sie sie, bis sie zu kochen beginnen. Rühren Sie den Käse ein, bis er schmilzt.

j) Holen Sie sich eine große Rührschüssel: Werfen Sie die Nudeln mit 1/2 der Sauce. Servieren Sie die Nudeln warm mit Hähnchen und träufeln Sie dann die restliche Sauce darüber.
k) Genießen.

## 27. Sonnige heiße Spaghetti

Portionen: 2

**Zutaten:**

- 2 1/2 C. gekochte Spaghetti
- 1 Teelöffel Oregano
- 1/4 C. Olivenöl
- 1 Teelöffel Knoblauchgranulat oder 2 Esslöffel frischer Knoblauch
- 8 Peperoni-Paprikaschoten, fein gehackt
- 1/2 C. Spaghettisauce

**Richtungen:**

a) Stellen Sie eine große Pfanne auf mittlere Hitze. Öl darin erhitzen. Fügen Sie die Kräuter mit Paprika hinzu und kochen Sie sie 4 Minuten lang.
b) Rühren Sie die Sauce mit gekochten Spaghetti ein und kochen Sie sie 3 Minuten lang.
c) Servieren Sie Ihre Spaghetti sofort warm.
d) Genießen.

## 28. Scharfe Rinderpfanne

Portionen: 6

**Zutaten:**

- 500 g Hackfleisch
- 1 Esslöffel Rinderbrühe, getrocknet sofort
- 4 Esslöffel Olivenöl
- 2 Lorbeerblätter
- 1 Zwiebel, fein gewürfelt
- Worcestersauce, Spritzer
- 2 Knoblauchzehen, geschält und zerdrückt
- 1 Teelöffel Piment
- 1 Teelöffel Zimt
- 1 Teelöffel Paprika
- 130 g Tomatenmark
- 500 g Nudelsauce

**Richtungen:**

a) Stellen Sie eine große Pfanne auf hohe Hitze. Öl darin erhitzen. Fügen Sie die Zwiebel, den Knoblauch, das Rindfleisch und die Gewürze hinzu und kochen Sie sie 6 Minuten lang.

b) Tomaten-Nudel-Sauce, Paprika, Rinderbrühe, Lorbeerblätter, Salz und Pfeffer einrühren und 30 Minuten bei schwacher Hitze unter häufigem Rühren kochen.
c) Servieren Sie Ihr saftiges Rindfleisch warm mit etwas Pasta.
d) Genießen.

## 29. Puttanesca

Portionen: 4

**Zutaten:**

- 8 Unzen. Pasta
- 2 Esslöffel Tomatenmark
- 1/2 C. Olivenöl
- 3 Esslöffel Kapern
- 3 Knoblauchzehen, gehackt
- 20 griechische Oliven, entkernt und grob gewürfelt
- 2 C. Tomatenwürfel, durchgedrückt a
- 1/2 Teelöffel zerkleinerte Paprikaflocken
- Sieb
- 4 Sardellenfilets, gewaschen und gewürfelt

**Richtungen:**

a) Kochen Sie Ihre Nudeln in Wasser und Salz für 9 Minus und entfernen Sie dann alle Flüssigkeiten.
b) Jetzt müssen Sie Ihren Knoblauch in Öl anbraten, bis er überall gebräunt ist.
c) Fügen Sie dann die Tomaten hinzu und kochen Sie die Mischung 7 Minuten lang, bevor Sie Folgendes hinzufügen:

Paprikaflocken, Sardellen, Oliven, Tomatenmark und Kapern.

d) Lassen Sie die Mischung 12 Minuten kochen und rühren Sie alles mindestens 2 Mal um.

e) Fügen Sie nun die Nudeln hinzu und rühren Sie alles um, um die Nudeln gleichmäßig zu bedecken.

# 30. Hackfleischauflauf

Portionen: 6

**Zutaten:**

- 1 (12 oz.) Päckchen breite Eiernudeln
- 1 Esslöffel gemahlener Kreuzkümmel
- 1 Pfund Hackfleisch
- 1 Teelöffel getrockneter Oregano
- 1 Zwiebel, gehackt
- 1/2 Teelöffel Cayennepfeffer
- 3 Knoblauchzehen, gehackt
- 1 C. zerkleinerter scharfer Cheddar-Käse
- 2 (15 Unzen) Dosen Tomatensauce
- 1 (8 oz.) Dose Tomatensauce
- 15 flüssige Unzen. Wasser
- 1 C. Rotwein

**Richtungen:**

a) Stellen Sie Ihren Ofen auf 350 Grad F ein, bevor Sie etwas anderes tun, und fetten Sie eine 14 x 9-Zoll-Auflaufform ein.

b) In einem großen Topf mit leicht gesalzenem, kochendem Wasser die

Eiernudeln etwa 5 Minuten kochen und dabei gelegentlich umrühren.

c) Gut abtropfen lassen und alles beiseite stellen.

d) Erhitzen Sie eine große Pfanne bei mittlerer Hitze und braten Sie das Rindfleisch, bis es vollständig gebräunt ist.

e) Fügen Sie die Zwiebel und den Knoblauch hinzu und braten Sie sie unter Rühren, bis die Zwiebel weich wird.

f) Tomatensauce, Wein, Wasser, Oregano, Kreuzkümmel und Cayennepfeffer dazugeben und zum Köcheln bringen.

g) Die Nudeln einrühren und die Mischung in die vorbereitete Auflaufform geben.

h) Alles mit dem Cheddar-Käse belegen und alles für ca. 20 im Ofen garen

i) Protokoll.

## 31. Herbstlicher Gemüsebraten

Portionen: 6

**Zutaten:**

- 1 Spaghettikürbis
- 1/2 Teelöffel getrockneter Oregano
- 1 große Karotte, diagonal geschnitten
- 1 Prise gemahlener Piment
- 2 Stangen Sellerie, schräg geschnitten
- 3 Knoblauchzehen, gehackt
- 1 große gelbe Zwiebel, gewürfelt
- 3/4 Pfund halbfetter Mozzarella-Käse
- 1 rote Paprika, geschält, entkernt u
- 1/2 C. geriebener Parmesankäse
- gewürfelt
- Öl
- 2 Esslöffel natives Olivenöl extra
- 28 Unzen. Tomaten, gewürfelt, Schale und Kerne)
- rote Paprikaflocken, gehackt
- 1 Teelöffel getrocknetes Basilikum

**Richtungen:**

a) Stellen Sie einen großen Topf mit Wasser auf hohe Hitze. Fügen Sie den ganzen

Kürbis hinzu und lassen Sie ihn kochen, bis er zu kochen beginnt.

b) Den Deckel aufsetzen und 55 Minuten kochen lassen.
c) Stellen Sie eine große Pfanne auf mittlere Hitze. Erhitzen Sie darin einen Spritzer Öl. Darin die Zwiebel mit Karotte 6 Minuten kochen.
d) Den restlichen Sellerie mit Paprika, Pfefferflocken, einer Prise Salz und Pfeffer unterrühren.
e) Kochen Sie sie 12 Minuten lang, während Sie sie häufig umrühren. Die restlichen Zutaten unterrühren.
f) Die Sauce 16 min bei schwacher Hitze kochen lassen. Mozzarella mit Parmesan hinzufügen.
g) Schalten Sie die Heizung aus.
h) Den Kürbis aus dem Wasser abgießen. Halbieren Sie es und lassen Sie es vollständig abkühlen.
i) Wirf die Samen weg. Verwenden Sie eine Gabel, um das Kürbisfleisch zu kratzen.
j) Bevor Sie etwas tun, heizen Sie den Ofen auf 350 F vor. Fetten Sie eine Auflaufform mit einem Kochspray ein.

k) Die Hälfte des Spaghettikürbis in die gefettete Auflaufform geben. Darauf die Hälfte der käsigen Herbstgemüse-Roast-Gemüse-Mischung verteilen.
l) Wiederholen Sie den Vorgang mit der restlichen Mischung. Den Auflauf in den Ofen stellen und 32 Minuten garen lassen.
m) Lassen Sie den Spaghetti-Auflauf 5 Minuten ruhen und servieren Sie ihn dann warm.
n) Genießen.

# KLASSISCHE PASTA

## 32. Penne

Portionen: 8

**Zutaten:**

- 1 (16 Unzen) Packung Penne-Nudeln
- 2 (14,5 Unzen) Dosen gewürfelte Tomaten
- 2 Esslöffel Olivenöl
- 1 Pfund Garnelen, geschält und entdarmt
- 1/4 C. gewürfelte rote Zwiebel
- 1 C. geriebener Parmesankäse
- 1 Esslöffel gewürfelter Knoblauch
- 1/4 C. Weißwein

**Richtungen:**

a) Kochen Sie Ihre Nudeln in Wasser und Salz für 9 Minuten und entfernen Sie dann die Flüssigkeiten.
b) Beginnen Sie nun, Knoblauch und Zwiebeln in Öl unter Rühren zu braten, bis die Zwiebeln weich sind.
c) Dann die Tomaten und den Wein hinzufügen.

d) Die Mischung unter Rühren 12 Minuten köcheln lassen. Dann die Shrimps hinzugeben und alles 6 Minuten garen.
e) Fügen Sie nun die Nudeln hinzu und rühren Sie alles um, um die Nudeln gleichmäßig zu bedecken.

## 33. Parmesan-Orzo

Portionen: 6

**Zutaten:**

- 1/2 C. Butter, geteilt
- Knoblauchpulver nach Geschmack
- 8 Perlzwiebeln
- Salz und Pfeffer nach Geschmack
- 1 C. ungekochte Orzo-Nudeln
- 1/2 C. geriebener Parmesankäse
- 1/2 C. geschnittene frische Champignons
- 1/4 C. frische Petersilie
- 1 C. Wasser
- 1/2 C. Weißwein

**Richtungen:**

a) Rühren Sie Ihre Zwiebeln in der Hälfte der Butter an, bis sie gebräunt sind, und fügen Sie dann die restliche Butter, die Pilze und den Orzo hinzu.
b) Alles weitere 7 Minuten braten.
c) Nun den Wein und das Wasser dazu geben und alles zum Kochen bringen.
d) Sobald die Mischung kocht, stellen Sie die Hitze auf niedrig und kochen Sie alles

9 Minuten lang, nachdem Sie Pfeffer, Salz und Knoblauchpulver hinzugefügt haben.

e) Sobald der Orzo fertig ist, mit Petersilie und Parmesan bestreuen.

f) Genießen.

## 34. Rustikale Nudeln

Portionen: 4

**Zutaten:**

- 1 Pfund Farfalle (Fliege) Nudeln
- 1 (8 oz.) Packung Champignons, in Scheiben geschnitten
- 1/3 C. Olivenöl
- 1 Esslöffel getrockneter Oregano
- 1 Knoblauchzehe, gehackt
- 1 Esslöffel Paprika
- 1/4 C Butter
- Salz und Pfeffer nach Geschmack
- 2 kleine Zucchini, geviertelt und in Scheiben geschnitten
- 1 Zwiebel, gehackt
- 1 Tomate, gehackt

**Richtungen:**

a) Kochen Sie Ihre Nudeln für 10 Minuten in Wasser und Salz. Überschüssige Flüssigkeit entfernen und beiseite stellen.

b) Braten Sie Salz, Pfeffer, Knoblauch, Paprika, Zucchini, Oregano, Pilze,

Zwiebel und Tomate 17 Minuten lang
in Olivenöl an.

c) Gemüse und Nudeln mischen.

d) Genießen.

## 35. Klassischer Alfredo

Portionen: 8

**Zutaten:**

- 6 Hähnchenbrusthälften ohne Haut und Knochen
- 3/4 Teelöffel gemahlener weißer Pfeffer
- 3 C. Milch
- 6 Esslöffel Butter, geteilt
- 1 C. halb und halb
- 4 Knoblauchzehen, gehackt, geteilt
- 3/4 C. geriebener Parmesankäse
- 1 Esslöffel italienische Gewürze
- 8 Unzen. geriebener Monterey Jack-Käse
- 1 Pfund Fettuccini-Nudeln
- 3 Roma (Pflaume) Tomaten, gewürfelt
- 1 Zwiebel, gewürfelt
- 1/2 C Sauerrahm
- 1 (8 oz.) Packung geschnittene Pilze
- 1/3 C. Allzweckmehl
- 1 Esslöffel Salz

**Richtungen:**

a) Rühren Sie Ihr Huhn, nachdem Sie es mit italienischem Gewürz bestrichen haben, in 2 Esslöffel Butter mit 2 Stück Knoblauch.
b) Braten Sie das Fleisch unter Rühren an, bis es vollständig gar ist, und legen Sie dann alles zur Seite.
c) Kochen Sie nun Ihre Nudeln in Wasser und Salz für 9 Minuten und entfernen Sie dann alle Flüssigkeiten.
d) Gleichzeitig braten Sie Ihre Zwiebeln in 4 EL Butter zusammen mit den Champignons und 2 weiteren Knoblauchstücken an.
e) Braten Sie die Mischung weiter, bis die Zwiebeln durchsichtig sind, und fügen Sie dann Pfeffer, Salz und Mehl hinzu.
f) Rühren und kochen Sie die Mischung für 4 Minuten. Dann nach und nach die Hälfte und die Milch unter Rühren hinzugeben, bis alles glatt ist.
g) Fügen Sie Monterey und Parmesan hinzu und lassen Sie die Mischung kochen, bis der Käse geschmolzen ist, fügen Sie dann

das Huhn, die saure Sahne und die Tomaten hinzu.

h) Servieren Sie Ihre Nudeln großzügig mit der Hühnermischung und der Sauce.

i) Genießen.

# 36. Italienische Parmigiana

Portionen: 2

**Zutaten:**

- 1 Ei, geschlagen
- 2 Unzen. geriebener Mozzarella-Käse
- 2 Unzen. Paniermehl
- 1/4 C. geriebener Parmesankäse
- 2 Hähnchenbrust ohne Haut und ohne Knochen
- Hälften
- 3/4 (16 Unzen) Glas Spaghetti-Sauce

**Richtungen:**

a) Bestreichen Sie ein Backblech mit Öl und stellen Sie dann Ihren Ofen auf 350 Grad ein, bevor Sie etwas anderes tun.
b) Holen Sie sich eine Schüssel und fügen Sie Ihre Eier hinzu.
c) Holen Sie sich eine 2. Schüssel und fügen Sie Ihre Semmelbrösel hinzu.
d) Panieren Sie Ihr Huhn zuerst mit den Eiern und dann mit den Semmelbröseln.

e) Legen Sie Ihre Hühnchenstücke auf das Backblech und backen Sie sie 45 Minuten lang im Ofen, bis sie vollständig gar sind.
f) Geben Sie nun die Hälfte Ihrer Nudelsauce in eine Auflaufform und legen Sie Ihr Hähnchen auf die Sauce.
g) Den Rest der Soße auf die Hähnchenteile geben. Dann ein Topping aus Parmesan und Mozzarella über alles geben.
h) Die Parmigiana 25 Minuten im Ofen garen.
i) Genießen.

# 37. Thunfisch-Nudeln

Portionen: 4

**Zutaten:**

- 2 Esslöffel Olivenöl
- 1 (7 oz.) Dose Thunfisch in Öl, abgetropft
- 1 Sardellenfilet
- 1/4 C. gewürfelte frische glatte Petersilie
- 2 Esslöffel Kapern
- 1 (12 Unzen) Packung Spaghetti
- 3 gehackte Knoblauchzehen
- 1 Esslöffel natives Olivenöl extra oder nach Geschmack
- 1/2 C. trockener Weißwein
- 1/4 C. frisch geriebener Parmigiano-Reggiano
- 1/4 Teelöffel getrockneter Oregano
- Käse oder nach Geschmack
- 1 Prise Paprikaflocken oder nach Geschmack
- 1 Esslöffel gewürfelte frische glatte Petersilie oder nach Geschmack 3 C. zerdrückte italienische (Pflaumen-)Tomaten

- Salz und gemahlener schwarzer Pfeffer nach Geschmack
- 1 Prise Cayennepfeffer oder nach Geschmack

**Richtungen:**

a) Braten Sie Ihre Kapern und Sardellen 4 Minuten lang in Olivenöl unter Rühren an, fügen Sie dann den Knoblauch hinzu und braten Sie die Mischung weitere 2 Minuten lang.
b) Fügen Sie nun hinzu: Pfefferflocken, Weißwein und Orange.
c) Rühren Sie die Mischung um und drehen Sie die Hitze auf.
d) Lassen Sie die Mischung 5 Minuten kochen, bevor Sie die Tomaten hinzufügen und die Mischung leicht köcheln lassen.
e) Sobald die Mischung köchelt, fügen Sie hinzu: Cayennepfeffer, schwarzer Pfeffer und Salz.
f) Stellen Sie die Hitze auf niedrige Stufe und lassen Sie alles 12 Minuten kochen.
g) Beginnen Sie nun, Ihre Nudeln in Wasser und Salz 10 Minuten lang zu kochen,

entfernen Sie dann alle Flüssigkeiten und lassen Sie die Nudeln in der Pfanne.

h) Die köchelnden Tomaten mit den Nudeln vermengen und einen Deckel auf den Topf geben. Bei geringer Hitze alles 4 Minuten erwärmen.
i) Wenn Sie Ihre Pasta servieren, servieren Sie sie mit etwas Parmigiano-Reggiano, Petersilie und Olivenöl.

## 38. Huhn aus Mailand

Portionen: 4

**Zutaten:**

- 1 Esslöffel Butter
- Salz und Pfeffer nach Geschmack
- 2 Knoblauchzehen, gehackt
- 2 Esslöffel Pflanzenöl
- 1/2 C. sonnengetrocknete Tomaten, gewürfelt
- 2 Esslöffel gewürfeltes frisches Basilikum
- 1 C. Hühnerbrühe, geteilt
- 8 Unzen. trockene Fettuccini-Nudeln
- 1 C. Sahne
- 1 Pfund Hähnchenbrust ohne Haut und ohne Knochen
- Hälften

**Richtungen:**

a) Bestreichen Sie ein Backblech mit Öl und stellen Sie dann Ihren Ofen auf 350 Grad ein, bevor Sie etwas anderes tun.

b) Braten Sie Ihren Knoblauch 1 Minute lang in Butter an und mischen Sie ihn dann in 3/4 C. Brühe und den Tomaten.
c) Erhöhen Sie die Hitze und bringen Sie alles zum Kochen.
d) Sobald die Mischung kocht, stellen Sie die Hitze auf niedrig und lassen Sie den Inhalt 12 Minuten kochen.
e) Geben Sie nun die Sahne hinzu und lassen Sie alles erneut aufkochen, bis die Mischung dickflüssig ist.
f) Bestreichen Sie Ihr Hähnchen rundum mit Pfeffer und Salz und braten Sie das Fleisch dann in heißem Öl 5 Minuten lang auf jeder Seite, bis es vollständig gar ist. Dann das Hähnchen in einer abgedeckten Schüssel zur Seite legen.
g) Entfernen Sie etwas Bratenfett aus der Pfanne und beginnen Sie, 1/4 C der Brühe zum Kochen zu bringen, während Sie die unteren Teile abkratzen.
h) Sobald die Mischung kocht, stellen Sie die Hitze auf niedrig, fügen Sie das Basilikum hinzu und lassen Sie die Brühe etwas reduzieren.

i) Sobald es reduziert ist, mischen Sie es mit der Tomaten-Sahne-Sauce.
j) Beginnen Sie nun, Ihre Nudeln in Wasser und Salz 9 Minuten lang zu kochen, entfernen Sie dann die Flüssigkeit und geben Sie alles in eine Schüssel. Die Nudeln mit ca. 5 EL Tomaten-Sahnesauce verrühren.
k) Schneiden Sie nun Ihr Hähnchen in Streifen und erhitzen Sie die Tomate erneut. Verteilen Sie Ihre Nudeln auf die Servierteller. Bedecken Sie die Nudeln mit etwas Hühnchen und dann etwas Sauce.
l) Genießen.

## 39. Klassische Lasagne

Portionen: 8

**Zutaten:**

- 1 1/2 Pfund. mageres Rinderhackfleisch
- 2 Eier, geschlagen
- 1 Zwiebel, gewürfelt
- 1 Pint halbfetter Ricotta-Käse
- 2 Knoblauchzehen, gehackt
- 1/2 C. geriebener Parmesankäse
- 1 Esslöffel gewürfelter frischer Basilikum
- 2 Esslöffel getrocknete Petersilie
- 1 Teelöffel getrockneter Oregano
- 1 Teelöffel Salz
- 2 Esslöffel brauner Zucker
- 1 Pfund Mozzarella-Käse, zerkleinert
- 1 1/2 Teelöffel Salz
- 2 Esslöffel geriebener Parmesankäse
- 1 (29 oz.) Dose gewürfelte Tomaten
- 2 (6 oz.) Dosen Tomatenmark
- 12 trockene Lasagne-Nudeln

**Richtungen:**

a) Braten Sie Knoblauch, Zwiebeln und Rindfleisch 3 Minuten lang an und fügen Sie dann Folgendes hinzu: Tomatenmark, Basilikum, Tomatenwürfel, Oregano, 1,5 Teelöffel Salz und braunen Zucker.
b) Stellen Sie jetzt Ihren Ofen auf 375 Grad ein, bevor Sie etwas anderes tun.
c) Beginnen Sie, Ihre Nudeln 9 Minuten lang in Wasser und Salz zu kochen, und entfernen Sie dann alle Flüssigkeiten.
d) Holen Sie sich eine Schüssel, kombinieren Sie: 1 Teelöffel Salz, Eier, Petersilie, Ricotta und Parmesan.
e) Ein Drittel der Nudeln in eine Auflaufform geben und alles mit der Hälfte der Käsemischung, einem Drittel der Sauce und der Hälfte des Mozzarellas belegen.
f) Fahren Sie auf diese Weise mit dem Schichten fort.
g) Dann alles mit etwas mehr Parmesan toppen.
h) Die Lasagne 35 Minuten im Ofen garen.
i) Genießen.

# 40. Römische Fun-Pasta

Portionen: 6

**Zutaten:**

- 1 (12 oz.) Packung Fliegennudeln
- 1 (28 oz.) Dose Pflaume nach italienischer Art
- 2 Esslöffel Olivenöl
- Tomaten, abgetropft und grob gewürfelt
- 1 Pfund süße italienische Wurst, Hüllen
- 1 1/2 C. Sahne
- entfernt und zerbröselt
- 1/2 Teelöffel Salz
- 1/2 Teelöffel rote Paprikaflocken
- 3 Esslöffel gehackte frische Petersilie
- 1/2 C. gewürfelte Zwiebel
- 3 Knoblauchzehen, gehackt

**Richtungen:**

a) Kochen Sie Ihre Nudeln in Wasser und Salz für 9 Minuten und entfernen Sie dann die Flüssigkeiten.

b) Beginnen Sie, Ihre Paprikaflocken und Wurst in Öl zu braten, bis das Fleisch gebräunt ist, und fügen Sie dann den Knoblauch und die Zwiebeln hinzu.

c) Lassen Sie die Zwiebeln kochen, bis sie weich sind, und fügen Sie Salz, Sahne und Tomaten hinzu.
d) Rühren Sie die Mischung um und bringen Sie alles leicht zum Kochen.
e) Lassen Sie die Mischung bei schwacher Hitze 9 Minuten lang sanft kochen und fügen Sie dann die Nudeln hinzu.
f) Rühren Sie die Mischung um, um die Nudeln gleichmäßig zu kochen, und bestreichen Sie dann alles mit Petersilie.
g) Genießen.

## 41. Tortellini Classico

Portionen: 8

**Zutaten:**

- 1 Pfund süße italienische Wurst, Hüllen entfernt
- 1/2 Teelöffel getrockneter Oregano
- 1 C. gewürfelte Zwiebel
- 1 (8 oz.) Dose Tomatensauce
- 2 Knoblauchzehen, gehackt
- 1 1/2 C. geschnittene Zucchini
- 5 C. Rinderbrühe
- 8 Unzen. frische Tortellini-Nudeln
- 1/2 C. Wasser
- 3 Esslöffel gewürfelte frische Petersilie
- 1/2 C. Rotwein
- 4 große Tomaten - geschält, entkernt u
- gewürfelt
- 1 C. dünn geschnittene Karotten
- 1/2 Esslöffel verpackte frische Basilikumblätter

**Richtungen:**

a) In einem großen Topf die Wurst rundherum anbraten.

b) Dann das Fleisch aus der Pfanne nehmen.
c) Fangen Sie an, Ihren Knoblauch und Ihre Zwiebeln im Schmalz anzubraten, und fügen Sie dann hinzu: die Wurst, die Brühe, die Tomatensauce, das Wasser, den Oregano, den Wein, das Basilikum, die Tomaten und die Karotten.
d) Bringe die Mischung zum Kochen, stelle die Hitze auf niedrig und lasse alles 35 Minuten kochen.
e) Entfernen Sie alles Fett, das nach oben steigt, und fügen Sie Petersilie und Zucchini hinzu.
f) Kochen Sie die Mischung weitere 20 Minuten lang, bevor Sie die Nudeln hinzufügen und alles weitere 15 Minuten kochen lassen.
g) Beim Servieren das Gericht oben mit Parmesan servieren.
h) Genießen.

# 42. Peperoni-Lasagne

Portionen: 12

**Zutaten:**

- 3/4 Pfund Hackfleisch
- 1/4 Teelöffel gemahlener schwarzer Pfeffer
- 1/2 Pfund Salami, gehackt
- 9 Lasagne-Nudeln
- 1/2 Pfund Peperoniwurst, gehackt
- 4 C. geriebener Mozzarella-Käse
- 1 Zwiebel, gehackt
- 2 C. Hüttenkäse
- 2 (14,5 Unzen) Dosen geschmorte Tomaten
- 9 Scheiben weißer amerikanischer Käse
- 16 Unzen. Tomatensauce
- geriebener Parmesankäse
- 6 Unzen. Tomatenmark
- 1 Teelöffel Knoblauchpulver
- 1 Teelöffel getrockneter Oregano
- 1/2 Teelöffel Salz

**Richtungen:**

a) Braten Sie Ihre Peperoni, Rindfleisch, Zwiebeln und Salami 10 Minuten lang an. Ölüberschuss entfernen. Geben Sie alles auf niedriger Stufe mit etwas Pfeffer, Tomatensauce und -paste, Salz, geschmorten Tomaten, Oregano und Knoblauchpulver für 2 Stunden in Ihren Slow Cooker.
b) Schalten Sie Ihren Ofen auf 350 Grad ein, bevor Sie fortfahren.
c) Kochen Sie Ihre Lasagne in Salzwasser 10 Minuten lang al dente und entfernen Sie dann alles Wasser.
d) Tragen Sie in Ihrer Auflaufform eine leichte Schicht Soße auf und schichten Sie dann: 1/3 Nudeln, 1 1/4 C.
e) Mozzarella, 2/3 C. Hüttenkäse, amerikanische Käsescheiben, 4 Teelöffel Parmesan, 1/3 Fleisch.
f) Fahren Sie fort, bis das Gericht voll ist.
g) 30 Minuten kochen.
h) Genießen.

## 43. Spanische Lasagne

Portionen: 12

**Zutaten:**

- 4 Tassen gehackte Tomaten aus der Dose
- 1 (32 oz.) Behälter Ricotta-Käse
- 1 (7 oz.) Dose gewürfelte grüne Chilischoten
- 4 Eier, leicht geschlagen
- 1 (4 oz.) Dose gewürfelte Jalapenopfeffer
- 1 (16 oz.) Päckchen nach mexikanischer Art zerkleinert
- Käse
- 3 Knoblauchzehen, gehackt
- 1 (8 oz.) Packung No-Cook-Lasagne-Nudeln
- 10 Zweige frischer Koriander, gehackt
- 2 Esslöffel gemahlener Kreuzkümmel
- 2 lbs. Chorizo-Wurst

**Richtungen:**

a) Kochen Sie Folgendes 2 Minuten lang und lassen Sie es dann 55 Minuten lang auf niedriger Stufe köcheln: Koriander,

Tomaten, Kreuzkümmel, grüne Chilischoten, Knoblauch, Zwiebel und Jalapenos.

b) Holen Sie sich eine Schüssel, mischen Sie: geschlagene Eier und Ricotta.
c) Stellen Sie Ihren Ofen auf 350 Grad ein, bevor Sie fortfahren.
d) Braten Sie Ihre Chorizos an. Anschließend überschüssiges Öl entfernen und das Fleisch zerkrümeln.
e) Tragen Sie in Ihrer Auflaufform eine leichte Schicht Soße auf und schichten Sie dann: Wurst, 1/2 Ihrer Soße, 1/2 geriebenen Käse, Lasagne-Nudeln, Ricotta, mehr Nudeln, die gesamte restliche Soße und mehr geriebenen Käse.
f) Etwas Folie mit Antihaftspray bestreichen und die Lasagne abdecken. 30 Minuten zugedeckt und 15 Minuten ohne Deckel garen.
g) Genießen.

# NUDELSALAT

## 44. Veganer Rigatoni-Basilikum-Salat

Portionen: 6

**Zutaten**

- 1 1/2 (8 oz.) Packungen Rigatoni-Nudeln
- 6 Blätter frischer Basilikum, in dünne Scheiben geschnitten
- 2 Esslöffel Olivenöl
- 6 Zweige frischer Koriander, gehackt
- 2 Knoblauchzehen, gehackt
- 1/4 C. Olivenöl
- 1/2 (16 oz.) Packung Tofu, abgetropft u
- gewürfelt
- 1/2 Teelöffel getrockneter Thymian
- 1 1/2 Teelöffel Sojasauce
- 1 kleine Zwiebel, in dünne Scheiben geschnitten
- 1 große Tomate, gewürfelt
- 1 Karotte, geraspelt

**Richtungen:**

a) Die Nudeln nach Packungsanweisung kochen.
b) Stellen Sie eine große Pfanne auf mittlere Hitze. 2 EL Olivenöl darin

erhitzen. Fügen Sie den Knoblauch hinzu und kochen Sie ihn für 1 Minute 30 Sekunden.

c) Thymian mit Tofu unterrühren. Kochen Sie sie für 9 Minuten. Die Sojasauce einrühren und die Hitze ausschalten.
d) Holen Sie sich eine große Rührschüssel: Werfen Sie die Rigatoni, die Tofumischung, die Zwiebel, die Tomate, die Karotte, das Basilikum und den Koriander hinein. Olivenöl über den Nudelsalat träufeln und servieren.
e) Genießen.

## 45. Minz-Feta und Orzo-Salat

Portionen: 8

**Zutaten**

- 1 1/4 C. Orzo-Nudeln
- 1 kleine rote Zwiebel, gewürfelt
- 6 Esslöffel Olivenöl, geteilt
- 1/2 C. fein gehackte frische Minzblätter
- 3/4 C. getrocknete braune Linsen, abgespült u
- 1/2 C. gehackter frischer Dill
- entwässert
- Salz und Pfeffer nach Geschmack
- 1/3 C. Rotweinessig
- 3 Knoblauchzehen, gehackt
- 1/2 C. Kalamata-Oliven, entsteint und gehackt
- 1 1/2 C. zerbröselter Feta-Käse

**Richtungen:**

a) Die Nudeln nach Packungsanweisung kochen.

b) Einen großen Topf mit Salzwasser zum Kochen bringen. Die Linsen darin garen, bis es anfängt zu kochen.

c) Reduzieren Sie die Hitze und setzen Sie den Deckel auf. Die Linsen 22 Minuten garen. Entfernen Sie sie aus dem Wasser.
d) Holen Sie sich eine kleine Rührschüssel: Kombinieren Sie darin Olivenöl, Essig und Knoblauch. Verrühre sie gut, um das Dressing zuzubereiten.
e) Holen Sie sich eine große Rührschüssel: Geben Sie die Linsen, das Dressing, die Oliven, den Feta-Käse, die rote Zwiebel, die Minze und den Dill mit Salz und Pfeffer hinein.
f) Wickeln Sie eine Plastikfolie um die Salatschüssel und stellen Sie sie für 2 h 30 Minuten in den Kühlschrank. Passen Sie die Würze des Salats an und servieren Sie ihn dann.
g) Genießen.

## 46. Käse-Peperoni-Rotini-Salat

Portionen: 8

## Zutaten

- 1 (16 oz.) Packung dreifarbige Rotini-Nudeln
- 1 (8 oz.) Päckchen Mozzarella-Käse,
- 1/4 lb. in Scheiben geschnittene Salamiwurst
- geschreddert
- 1 C. frische Brokkoliröschen
- 1 (16 oz.) Flasche Salat nach italienischer Art
- 1 (6 oz.) Dose schwarze Oliven, abgetropft

## Richtungen

a) Die Nudeln nach Packungsanweisung kochen.
b) Holen Sie sich eine große Rührschüssel: Werfen Sie darin die Nudeln, Peperoni, Brokkoli, Oliven, Käse und Dressing.

c) Passen Sie die Würze des Salats an und stellen Sie ihn für 1 h 10 Minuten in den Kühlschrank. Servier es.

d) Genießen.

## 47. Nussiger Hühnchen-Nudelsalat

Portionen: 4

**Zutaten**

- 6 Scheiben Speck
- 1 (6 oz.) Glas marinierte Artischockenherzen, abgetropft 10 Spargelstangen, Enden getrimmt
- und grob gehackt
- 1/2 (16 oz.) Packung Rotini, Ellenbogen oder Penne 1 gekochte Hähnchenbrust, gewürfelte Nudeln
- 1/4 C. getrocknete Preiselbeeren
- 3 Esslöffel fettarme Mayonnaise
- 1/4 C. geröstete Mandelblättchen
- 3 Esslöffel Balsamico-Vinaigrette-Salatdressing
- Salz und Pfeffer nach Geschmack
- 2 Teelöffel Zitronensaft
- 1 Teelöffel Worcestershire-Sauce

**Richtungen**

a) Stellen Sie eine große Pfanne auf mittlere Hitze. Den Speck darin garen, bis er knusprig wird. Entfernen Sie es aus dem überschüssigen Fett. Zerkrümeln Sie es und legen Sie es beiseite.

b) Die Nudeln nach Packungsanweisung kochen.
c) Holen Sie sich eine kleine Rührschüssel: Mischen Sie darin Mayo, Balsamico-Vinaigrette, Zitronensaft und Worcestershire-Sauce. Mischen Sie sie gut.
d) Holen Sie sich eine große Rührschüssel: Geben Sie die Nudeln mit dem Dressing hinein. Artischocke, Hähnchen, Preiselbeeren, Mandeln, zerbröselten Speck und Spargel sowie eine Prise Salz und Pfeffer hinzugeben.
e) Rühren Sie sie gut um. Kühlen Sie den Salat für 1 h 10 min im Kühlschrank und servieren Sie ihn dann.
f) Genießen.

## 48. Frischer Zitronen-Nudelsalat

Portionen: 8

**Zutaten**

- 1 (16 oz.) Packung dreifarbige Rotini-Nudeln
- 1 Prise Salz und gemahlener schwarzer Pfeffer dazu
- 2 Tomaten, entkernt und gewürfelt
- Geschmack
- 2 Gurken - geschält, entkernt und
- 1 Avocado, gewürfelt
- gewürfelt
- 1 Spritzer Zitronensaft
- 1 (4 oz.) Dose geschnittene schwarze Oliven
- 1/2 C. Italienisches Dressing oder mehr nach Geschmack
- 1/2 C. geriebener Parmesankäse

**Richtungen**

a) Die Nudeln nach Packungsanweisung kochen.

b) Holen Sie sich eine große Rührschüssel: Kombinieren Sie darin die Nudeln,

Tomaten, Gurken, Oliven, italienisches Dressing, Parmesankäse, Salz und Pfeffer. Rühren Sie sie gut um.

c) Die Nudeln für 1 h 15 Minuten in den Kühlschrank stellen.
d) Holen Sie sich eine kleine Rührschüssel: Rühren Sie den Zitronensaft mit Avocado hinein. Avocado mit Nudelsalat mischen und servieren.
e) Genießen.

# 49. Tortellini-Salat im Glas

Portionen: 2

**Zutaten**

- 1 (9 oz.) Packung Spinat und Käse
- 1 Einmachglas
- Tortellini
- Salz und gemahlener schwarzer Pfeffer nach Geschmack
- 1 (4 Unzen) Glas Pesto
- 1/4 C. halbiert, entkernt und in Scheiben geschnitten Englisch
- Gurke
- 1/4 C. halbierte Kirschtomaten
- 1/4 C. streichholzgroße Stücke rote Zwiebel
- 1/2 C. gehackte Mache

**Richtungen**

a) Die Nudeln nach Packungsanweisung kochen.

b) Das Pesto im Glas verteilen und dann mit Gurken, Tomaten, Zwiebeln, Tortellini und Mache belegen. Würze sie mit etwas Salz und Pfeffer.

c) Serviere deinen Salat sofort oder stelle ihn bis zum Servieren in den Kühlschrank.

## 50. Romano Linguine Nudelsalat

Portionen: 6

**Zutaten**

- 1 (8 oz.) Packung Linguine-Nudeln
- 1/2 Teelöffel rote Paprikaflocken
- 1 (12 Unzen) Beutel Brokkoliröschen, in Stücke geschnitten - 1/4 Teelöffel gemahlener schwarzer Pfeffer
- Größe Stücke
- Salz nach Geschmack
- 1/4 C. Olivenöl
- 4 Teelöffel gehackter Knoblauch
- 1/2 C. fein geriebener Romano-Käse
- 2 Esslöffel fein gehacktes frisches flaches Blatt
- Petersilie

**Richtungen:**

a) Die Nudeln nach Packungsanweisung kochen.

b) Einen Topf mit Wasser zum Kochen bringen. Stellen Sie einen Dampfgarer darauf. Darin den Brokkoli mit Deckel 6 Min. dämpfen

c) Stellen Sie einen Topf auf mittlere Hitze. Öl darin erhitzen. Darin den Knoblauch mit Pfefferflocken 2 Minuten anschwitzen.
d) Holen Sie sich eine große Rührschüssel: Geben Sie die sautierte Knoblauchmischung mit Nudeln, Brokkoli, Romano-Käse, Petersilie, schwarzem Pfeffer und Salz hinein. Mischen Sie sie gut.
e) Passen Sie die Würze des Salats an. Sofort servieren.
f) Genießen.

## 51. Scharfer Cheddar-Fusilli-Salat

Portionen: 10

**Zutaten**

- 2 Esslöffel Olivenöl
- 6 Frühlingszwiebeln, gehackt
- 1 Teelöffel Salz
- 3/4 C. gehackte eingelegte Jalapenopfeffer
- 1 (16 Unzen) Packung Fusilli-Nudeln
- 1 (2,25 oz.) Dose geschnittene schwarze Oliven
- 2 Pfund extra mageres Hackfleisch
- (Optional)
- 1 (1,25 oz.) Packung Taco-Gewürzmischung
- 1 (8 oz.) Packung geriebener Cheddar
- 1 (24 oz.) Glas milde Salsa
- Käse
- 1 (8 oz.) Flasche Ranch-Dressing
- 1 1/2 rote Paprika, gehackt

**Richtungen**

a) Stellen Sie einen großen Topf auf mittlere Hitze. Füllen Sie es mit Wasser und rühren Sie das Olivenöl mit Salz hinein.

b) Kochen Sie es, bis es zu kochen beginnt.
c) Fügen Sie die Nudeln hinzu und kochen Sie sie 10 Minuten lang. Nimm es aus dem Wasser und lege es zum Abtropfen beiseite.
d) Stellen Sie eine große Pfanne auf mittlere Hitze. Darin das Rindfleisch 12 Minuten anbraten. Entsorgen Sie das überschüssige Fett.
e) Fügen Sie die Taco-Gewürze hinzu und mischen Sie sie gut. Legen Sie die Mischung beiseite, um die Wärme vollständig zu verlieren.
f) Holen Sie sich eine große Rührschüssel: Mischen Sie Salsa, Ranch-Dressing, Paprika, Frühlingszwiebeln, Jalapenos und schwarze Oliven hinein.
g) Fügen Sie die Nudeln mit gekochtem Rindfleisch, Cheddar-Käse und Dressing hinzu. Rühren Sie sie gut um.
h) Legen Sie ein Stück Frischhaltefolie über die Salatschüssel. 1 h 15 Minuten in den Kühlschrank stellen.

# 52. Cremiger Penn-Nudelsalat

Portionen: 10

**Zutaten**

- 1 (16 oz.) Schachtel Mini-Penne-Nudeln
- 1/3 C. gehackte rote Zwiebel
- 1 1/2 Pfund gehacktes gekochtes Huhn
- 1/2 (8 oz.) Flasche cremiges Caesar-Salat-Dressing, 1/2 C. gewürfelte grüne Paprika
- oder nach Geschmack
- 2 hart gekochte Eier, gehackt
- 1/3 C. geriebener Parmesankäse

**Richtungen**

a) Die Nudeln nach Packungsanweisung kochen.
b) Holen Sie sich eine große Rührschüssel: Geben Sie die Nudeln, das Hühnchen, die grüne Paprika, die Eier, den Parmesankäse und die rote Zwiebel hinein.

c) Fügen Sie das Dressing hinzu und rühren Sie sie gut um. Die Schüssel abdecken und für 2 h 15 in den Kühlschrank stellen
d) Protokoll. Den Salat würzen und servieren.
e) Genießen.

## 53. Chicken Tenders & Farfalle-Salat

Portionen: 6

**Zutaten**

- 6 Eier
- 3 Frühlingszwiebeln, in dünne Scheiben geschnitten
- 1 (16 oz.) Päckchen Farfalle (Fliege)
- 1/2 rote Zwiebel, gehackt
- Pasta
- 1/2 (16 oz.) Flasche Salat nach italienischer Art
- 6 Hähnchenbrustfilets
- Dressing
- 1 Gurke, in Scheiben geschnitten
- 4 Römersalatherzen, in dünne Scheiben geschnitten
- 1 Bund Radieschen, geputzt und in Scheiben geschnitten
- 2 Karotten, geschält und in Scheiben geschnitten

**Richtungen:**

a) Legen Sie die Eier in einen großen Topf und bedecken Sie sie mit Wasser. Kochen

Sie die Eier bei mittlerer Hitze, bis sie zu kochen beginnen.

b) Schalten Sie die Hitze aus und lassen Sie die Eier 16 Minuten ruhen. Spüle die Eier mit etwas kaltem Wasser ab, damit sie Wärme verlieren.
c) Die Eier schälen und in Scheiben schneiden, dann beiseite legen.
d) Legen Sie die Hähnchenbrustfilets in einen großen Topf. Bedecken Sie sie mit 1/4 C. Wasser. Kochen Sie sie bei mittlerer Hitze, bis das Huhn fertig ist.
e) Hähnchenbrustfilets abtropfen lassen und in kleine Stücke schneiden.
f) Holen Sie sich eine große Rührschüssel: Geben Sie die Nudeln, das Huhn, die Eier, die Gurke, die Radieschen, die Karotten, die Frühlingszwiebeln und die rote Zwiebel hinein. Fügen Sie das italienische Dressing hinzu und mischen Sie sie erneut.
g) Den Salat für 1 h 15 Minuten in den Kühlschrank stellen.
h) Salatherzen in Servierteller legen. Den Salat darauf verteilen. Servieren Sie sie sofort. Genießen.

## 54. Romano Linguine Nudelsalat

Portionen: 6

**Zutaten**

- 1 (8 oz.) Packung Linguine-Nudeln
- 1/2 Teelöffel rote Paprikaflocken
- 1 (12 Unzen) Beutel Brokkoliröschen, in Stücke geschnitten - 1/4 Teelöffel gemahlener schwarzer Pfeffer
- Größe Stücke
- Salz nach Geschmack
- 1/4 C. Olivenöl
- 4 Teelöffel gehackter Knoblauch
- 1/2 C. fein geriebener Romano-Käse
- 2 Esslöffel fein gehacktes frisches flaches Blatt
- Petersilie

**Richtungen:**

a) Die Nudeln nach Packungsanweisung kochen.
b) Einen Topf mit Wasser zum Kochen bringen. Stellen Sie einen Dampfgarer darauf. Darin den Brokkoli mit Deckel 6 Min. dämpfen

c) Stellen Sie einen Topf auf mittlere Hitze. Öl darin erhitzen. Darin den Knoblauch mit Pfefferflocken 2 Minuten anschwitzen.
d) Holen Sie sich eine große Rührschüssel: Geben Sie die sautierte Knoblauchmischung mit Nudeln, Brokkoli, Romano-Käse, Petersilie, schwarzem Pfeffer und Salz hinein. Mischen Sie sie gut.
e) Passen Sie die Würze des Salats an. Sofort servieren.
f) Genießen.

## 55. Cheddar-Fusilli-Salat

Portionen: 10

**Zutaten**

- 2 Esslöffel Olivenöl
- 6 Frühlingszwiebeln, gehackt
- 1 Teelöffel Salz
- 3/4 C. gehackte eingelegte Jalapenopfeffer
- 1 (16 Unzen) Packung Fusilli-Nudeln
- 1 (2,25 oz.) Dose geschnittene schwarze Oliven
- 2 Pfund extra mageres Hackfleisch
- (Optional)
- 1 (1,25 oz.) Packung Taco-Gewürzmischung
- 1 (8 oz.) Packung geriebener Cheddar
- 1 (24 oz.) Glas milde Salsa
- Käse
- 1 (8 oz.) Flasche Ranch-Dressing
- 1 1/2 rote Paprika, gehackt

**Richtungen:**

a) Stellen Sie einen großen Topf auf mittlere Hitze. Füllen Sie es mit Wasser und rühren Sie das Olivenöl mit Salz hinein.

b) Kochen Sie es, bis es zu kochen beginnt.
c) Fügen Sie die Nudeln hinzu und kochen Sie sie 10 Minuten lang. Nimm es aus dem Wasser und lege es zum Abtropfen beiseite.
d) Stellen Sie eine große Pfanne auf mittlere Hitze. Darin das Rindfleisch 12 Minuten anbraten. Entsorgen Sie das überschüssige Fett.
e) Fügen Sie die Taco-Gewürze hinzu und mischen Sie sie gut. Legen Sie die Mischung beiseite, um die Wärme vollständig zu verlieren.
f) Holen Sie sich eine große Rührschüssel: Mischen Sie Salsa, Ranch-Dressing, Paprika, Frühlingszwiebeln, Jalapenos und schwarze Oliven hinein.
g) Fügen Sie die Nudeln mit gekochtem Rindfleisch, Cheddar-Käse und Dressing hinzu. Rühren Sie sie gut um.
h) Legen Sie ein Stück Frischhaltefolie über die Salatschüssel. 1 h 15 Minuten in den Kühlschrank stellen.

## 56. Cremiger Penn-Nudelsalat

Portionen: 10

**Zutaten**

- 1 (16 oz.) Schachtel Mini-Penne-Nudeln
- 1/3 C. gehackte rote Zwiebel
- 1 1/2 Pfund gehacktes gekochtes Huhn
- 1/2 (8 oz.) Flasche cremiges Caesar-Salat-Dressing, 1/2 C. gewürfelte grüne Paprika
- oder nach Geschmack
- 2 hart gekochte Eier, gehackt
- 1/3 C. geriebener Parmesankäse

**Richtungen:**

a) Die Nudeln nach Packungsanweisung kochen.
b) Holen Sie sich eine große Rührschüssel: Geben Sie die Nudeln, das Hühnchen, die grüne Paprika, die Eier, den Parmesankäse und die rote Zwiebel hinein.
c) Fügen Sie das Dressing hinzu und rühren Sie sie gut um. Die Schüssel abdecken und für 2 h 15 in den Kühlschrank stellen
d) Protokoll. Den Salat würzen und servieren.
e) Genießen.

## 57. Salat mit Feta und gebratenem Truthahn

Portionen: 8

**Zutaten**

- 1 1/2 C. Olivenöl
- 3 C. gekochte Penne-Nudeln
- 1/2 C. Rotweinessig
- 1 Pint Traubentomaten, halbiert
- 1 Esslöffel gehackter frischer Knoblauch
- 8 Unzen. zerbröselter Feta-Käse
- 2 Teelöffel getrocknete Oreganoblätter
- 1 (5 oz.) Packung Frühlingssalatmischung
- 3 C. Butterball® Golden im Ofen geröstet
- 1/2 C. gehackte italienische Petersilie
- Putenbrust, dick geschnitten und gewürfelt
- 1/2 C. dünn geschnittene rote Zwiebeln
- 1 (16 oz.) Glas entkernte Kalamata-Oliven,
- abgetropft, gehackt

**Richtungen:**

a) Holen Sie sich eine kleine Rührschüssel: Kombinieren Sie darin Olivenöl, Essig, Knoblauch und Oregano. Mischen Sie sie gut, um die Vinaigrette zu machen.

b) Holen Sie sich eine große Rührschüssel: Geben Sie die restlichen Zutaten hinein. Fügen Sie das Dressing hinzu und mischen Sie sie erneut. Passen Sie die Würze des Salats an und servieren Sie ihn dann.
c) Genießen.

## 58. Nussiger Thunfisch und Nudelsalat

Portionen: 6

**Zutaten**

- 1 Kopf Brokkoli, in Röschen getrennt
- 8 große schwarze Oliven, in Scheiben geschnitten
- 1 Pfund Penne-Nudeln
- 1/2 C. Walnussstücke, geröstet
- 1 Pfund frische Thunfischsteaks
- 4 Knoblauchzehen, gehackt
- 1/4 C. Wasser
- 2 Esslöffel gehackte frische Petersilie
- 2 Esslöffel frischer Zitronensaft
- 4 Sardellenfilets, gespült
- 1/4 C. Weißwein
- 3/4 C. Olivenöl
- 4 mittelgroße Tomaten, geviertelt
- 1 Pfund Mozzarella-Käse, gewürfelt

**Richtungen:**

a) Die Nudeln nach Packungsanweisung kochen.
b) Einen Topf mit Salzwasser zum Kochen bringen. Den Brokkoli darin 5 Minuten

garen. Nimm es aus dem Wasser und lege es beiseite.

c) Stellen Sie eine große Pfanne auf mittlere Hitze. Rühren Sie den Thunfisch in einem mit Wasser, Weißwein und Zitronensaft ein. Den Deckel auflegen und etwa 8 bis 12 Minuten garen, bis der Lachs gar ist.
d) Die Lachsfilets in Stücke panieren.
e) Holen Sie sich eine große Rührschüssel: Geben Sie den gekochten Lachsfisch mit Brokkoli, Penne, Fisch, Tomaten, Käse, Oliven, Walnüssen, Knoblauch und Petersilie hinein. Mischen Sie sie gut.
f) Stellen Sie eine große Pfanne auf mittlere Hitze. Öl darin erhitzen. Sardellen in kleine Stücke schneiden. Kochen Sie sie in der erhitzten Pfanne, bis sie im Öl schmelzen.
g) Rühren Sie die Mischung in den Nudelsalat und mischen Sie sie gut. Servieren Sie Ihren Nudelsalat sofort.

## 59. Kalamata-Rotini-Salat

Portionen: 10

**Zutaten**

- 1 (12 oz.) Packung dreifarbige Rotini
- 4 Roma-Tomaten, gewürfelt
- Pasta
- 1 (12 oz.) Glas ölverpackt sonnengetrocknet
- 1 kleiner Brokkolikopf, in kleine Stücke gebrochen
- Tomaten, abgetropft, in Streifen geschnitten
- Blüten
- 1 kleine Zucchini, gehackt
- 1/2 Teelöffel gehackter Knoblauch
- 1 kleine Gurke, gehackt
- 1 kleine rote Zwiebel, gewürfelt
- 1 kleine gelbe Paprika, gehackt
- 1 (12 oz.) Glas marinierte Artischockenherzen,
- 2 reife Avocados
- abgetropft und gehackt
- 1 (16 oz.) Flasche griechischer Vinaigrette-Salat

- 1 (12 oz.) Glas entsteinte Kalamata-Oliven,
- Dressing
- geschnitten
- 1 (8 oz.) Glas geröstete rote Paprika,
- abgetropft, in Streifen geschnitten

**Richtungen:**

a) Die Nudeln nach Packungsanweisung kochen.
b) Einen großen Topf Wasser zum Kochen bringen. Stellen Sie einen Dampfgarer darauf. Darin den Brokkoli 5 min mit Deckel garen.
c) Den Brokkoli mit etwas kaltem Wasser säubern und abtropfen lassen. Hacken Sie es und legen Sie es beiseite. Holen Sie sich eine große Rührschüssel:
d) Kombinieren Sie darin den Brokkoli mit Nudeln, Knoblauch, roten Zwiebeln, Artischockenherzen, Kalamata-Oliven, gerösteten roten Paprikaschoten, Roma-Tomaten, sonnengetrockneten Tomaten, Zucchini, Gurken und gelbem Paprika. Mischen Sie sie gut.
e) Holen Sie sich eine kleine Rührschüssel: Zerdrücken Sie die Avocado darin, bis sie

glatt wird. Fügen Sie das griechische Dressing hinzu und mischen Sie sie gut, bis sie cremig werden, um das Dressing herzustellen.

f) Avocado-Dressing zum Salat geben und gut vermengen. Den Salat würzen und bis zum Servieren in den Kühlschrank stellen. Genießen.

## 60. Gorgonzola-Nudelsalat

Portionen: 8

**Zutaten**

- 1 (16 Unzen) Packung Penne-Nudeln
- 1/2 C. Rapsöl
- 2 Esslöffel Rapsöl
- 1/4 C. Walnussöl
- 2 C. frischer Spinat - gespült, getrocknet und in mundgerechte Stücke gerissen
- 1/3 C. Champagneressig
- 2 Esslöffel Honig
- 1 kleine grüne Paprika, in 1-Zoll-Stücke geschnitten
- 2 C. zerbröselter Gorgonzola-Käse
- 1 C. gehackte Walnüsse
- 1 kleine rote Paprika, in 1 Zoll geschnitten
- Stücke
- 1 kleine gelbe Paprika, in 1 geschnitten
- Zoll Stücke

**Richtungen:**

a) Die Nudeln nach Packungsanweisung kochen.

b) Stellen Sie eine große Pfanne auf mittlere Hitze. Darin den Spinat mit einem Spritzer Wasser 2 bis 3 Minuten garen oder bis er zusammenfällt.

c) Holen Sie sich eine große Rührschüssel: Geben Sie den Spinat, die grüne Paprika, die rote Paprika, die gelbe Paprika und die abgekühlten Nudeln hinein.

d) Holen Sie sich eine kleine Rührschüssel: Kombinieren Sie darin 1/2 C. Rapsöl, Walnussöl, Essig und Honig. Mischen Sie sie gut.

e) Das Dressing über den Nudelsalat träufeln. Mit Walnüssen und Gorgonzola bestreuen und servieren.

## 61. Nussiger Gorgonzola-Nudelsalat

Portionen: 8

**Zutaten**

- 2 lb. Lendenspitzen, gewürfelt
- 1/2 C. Rotwein
- 1/2 gelbe Zwiebel, gehackt
- 1 (1,25 oz.) Packung Rindfleisch mit Zwiebelsuppe mischen 2 (10,75 oz.) Dosen kondensierte Sahne von
- 2 (16 oz.) Packungen Eiernudeln
- Pilz Suppe
- 1 C. Milch

**Richtungen:**

a) Erhitzen Sie eine große Pfanne bei mittlerer Hitze und braten Sie das Rindfleisch und die Zwiebel etwa 5
b) Protokoll.
c) In der Zwischenzeit in einer Schüssel die Pilzsuppe, den Wein, die Milch und die Suppenmischung mischen.
d) Die Mischung in die Pfanne geben und zum Köcheln bringen.

e) Hitze reduzieren und zugedeckt etwa 2 Stunden köcheln lassen.
f) Hitze auf niedrigste Stufe reduzieren und zugedeckt etwa 4 Stunden köcheln lassen.
g) In einem großen Topf mit leicht gesalzenem, kochendem Wasser die Eiernudeln etwa 5 Minuten kochen.
h) Gut abtropfen lassen.
i) Die Rindfleischmischung über die Nudeln geben und servieren.

# NUDELN

## 62. Italienische Dessertnudeln

Portionen: 15

**Zutaten**

- 1 (12 oz.) Päckchen breite Eiernudeln
- 1 Teelöffel Salz
- 1/2 C. Butter, geschmolzen
- 4 Eier, geschlagen
- 3/4 C. weißer Zucker
- 1/4 Teelöffel gemahlener Zimt
- 3/4 C. Rosinen
- 3/4 C. grob gehackte Pekannüsse

**Richtungen**

a) Stellen Sie Ihren Ofen auf 375 Grad F ein, bevor Sie etwas anderes tun, und fetten Sie eine 12x8-Zoll-Auflaufform gleichmäßig mit etwas geschmolzener Butter ein.

b) In einem großen Topf mit leicht gesalzenem, kochendem Wasser die Eiernudeln etwa 8-10 Minuten kochen.

c) Gut abtropfen lassen.

d) In einer großen Schüssel die restliche Butter, Nudeln, Eier, Pekannüsse, Rosinen, Zucker und Salz vermischen.
e) Die Masse in die vorbereitete Auflaufform geben und mit Zimt bestreuen.
f) Alles im Ofen ca. 55 Minuten garen.

## 63. Eiernudeln ungarisch

Portionen: 6

**Zutaten**

- 1 (8 oz.) Päckchen feine Eiernudeln
- 2 Esslöffel Mohn
- 2 C. Hüttenkäse
- 1 Teelöffel Salz
- 2 C. saure Sahne
- 1 Esslöffel geriebener Parmesankäse
- 1/2 C. gehackte Zwiebeln
- 1 Prise gemahlener Paprika
- 2 Esslöffel Worcestersauce

**Richtungen**

a) Stellen Sie Ihren Ofen auf 350 Grad F ein, bevor Sie etwas anderes tun, und fetten Sie eine große Auflaufform ein.
b) In einem großen Topf mit leicht gesalzenem, kochendem Wasser die Eiernudeln etwa 5 Minuten kochen und dabei gelegentlich umrühren.
c) Gut abtropfen lassen und alles beiseite stellen.

d) In einer großen Schüssel die Nudeln und die restlichen Zutaten außer Parmesan und Paprika hinzugeben und gut vermischen.
e) Die Masse gleichmäßig in die vorbereitete Auflaufform geben und mit Parmesan und Paprika bestreuen.
f) Alles im Backofen ca. 30 Minuten garen Eiernudeln ungarisch

# 64. Pennsylvanische Nudeln

Portionen: 4

**Zutaten**

- 8 Unzen. breite Eiernudeln
- 1/4-1/2 C. gesalzene Butter

**Richtungen**

a) In einem großen Topf mit kochendem Wasser die Eiernudeln nach Packungsanweisung zubereiten.
b) Gut abtropfen lassen und in eine große Schüssel umfüllen.
c) In der Zwischenzeit die Butter in einer kleinen Bratpfanne hinzufügen und unter Rühren schmelzen, bis die Butter anfängt, braun zu werden.
d) Geschmolzene Butter, Salz und schwarzen Pfeffer gießen und gut umrühren.

# 65. Wikinger-Nudelsuppe

Portionen: 4

## Zutaten

- 2 Teelöffel Olivenöl oder 2 Teelöffel Pflanzenöl
- 1/2 Teelöffel Salz
- 2 Lauch, geputzt und gehackt
- 1/4 Teelöffel frisch gemahlener schwarzer Pfeffer
- 2 Karotten, geschält und gehackt
- 8 C. reduziert-
- 1 Knoblauchzehe, gehackt
- Hühnersuppe
- 1 Stange Sellerie, gehackt
- 6 Unzen. Eiernudeln, ungekocht
- 3 -4 C. gekochter Truthahn, geraspelt
- 1 C. gefrorene grüne Erbse
- 2-3 Lorbeerblätter
- 2 Esslöffel frische Petersilienblätter, gehackt
- 2 Teelöffel getrockneter Thymian

## Richtungen

a) In einer großen Pfanne das Öl bei mittlerer Hitze erhitzen, Karotten, Sellerie, Lauch und Knoblauch ca. 4 Minuten anschwitzen.
b) Truthahn, Thymian, Lorbeerblätter und schwarzen Pfeffer unterrühren.
c) Die Brühe zugeben und zum Kochen bringen.
d) Reduzieren Sie die Hitze auf mittel-niedrig und köcheln Sie, teilweise abgedeckt für etwa 10 Minuten.
e) Aufdecken und erneut zum Kochen bringen, dann die Nudeln einrühren.
f) Etwa 10 Minuten köcheln lassen.
g) Erbsen einrühren und etwa 1 Minute köcheln lassen.
h) Alles vom Herd nehmen und die Lorbeerblätter wegwerfen.
i) Petersilie unterrühren und servieren.

## 66. Eiernudeln in Deutschland

Portionen: 6

**Zutaten**

- koscheres Salz
- 3 EL glatte Petersilie, gehackt
- 1 (12 oz.) Packungen breite Eiernudeln
- frisch gemahlener schwarzer Pfeffer
- 4 -6 Esslöffel kalte ungesalzene Butter, in Stücke geschnitten

**Richtungen**

a) In einem großen Topf mit leicht gesalzenem, kochendem Wasser die Eiernudeln etwa 5 Minuten kochen und dabei gelegentlich umrühren.
b) Gut abtropfen lassen, dabei 1/4 C der Kochflüssigkeit auffangen.
c) Fügen Sie in einer mittelgroßen Pfanne die reservierte heiße Kochflüssigkeit bei schwacher Hitze hinzu.
d) Langsam die Butter zugeben und ständig schlagen, bis sich eine cremige Sauce bildet.
e) Petersilie, Salz und schwarzen Pfeffer unterrühren.

f) Die Nudeln hinzugeben und gut durchschwenken.
g) Sofort servieren.

## 67. Italienische Nudeln mit Croutons

Portionen: 4

**Zutaten**

- 12 Unzen. Eiernudeln
- 1 Prise Salz
- 1/2 C ungesalzene Butter
- 1/4 Teelöffel Pfeffer
- 2 Scheiben Weißbrot

**Richtungen**

a) In einem großen Topf mit kochendem Wasser die Eiernudeln nach Packungsanweisung zubereiten.
b) Währenddessen für die Croutons in einer kleinen Pfanne die Butter bei mittlerer Hitze schmelzen und die Brotstücke leicht knusprig braten.
c) Salz und schwarzen Pfeffer einrühren und alles vom Herd nehmen.
d) Nudeln und Croutons in einer Servierschüssel vermischen und italienische Nudeln mit Croutons servieren

## 68. Mexikanischer Nudelauflauf

Portionen: 4

**Zutaten**

- 1 (8 oz.) Packungen breite Eiernudeln
- Soße
- 1 Pfund mageres Hackfleisch
- 1/8 Teelöffel Pfeffer
- 6 Frühlingszwiebeln, in Scheiben geschnitten
- 1 (8 oz.) Päckchen Ricotta-Käse
- 2 große Knoblauchzehen, gehackt
- 1 C. saure Sahne
- 3/4 Teelöffel Salz, geteilt
- 1/2 C. geriebener Parmesankäse
- 1 (26 oz.) Gläser Tomaten-Basilikum-Pasta

**Richtungen**

a) Stellen Sie Ihren Ofen auf 350 Grad F ein, bevor Sie etwas anderes tun, und fetten Sie eine große Auflaufform leicht ein.
b) Erhitzen Sie eine große Pfanne bei mittlerer Hitze und kochen Sie das

Rindfleisch mit Frühlingszwiebeln, Knoblauch und 1/2 Teelöffel Salz, bis das Rindfleisch vollständig gebräunt ist.

c) Lassen Sie das überschüssige Fett aus der Pfanne ab.
d) Die Nudelsoße und den schwarzen Pfeffer einrühren und die Hitze reduzieren.
e) Zugedeckt etwa 20 Minuten köcheln lassen.
f) In der Zwischenzeit die Nudeln nach Packungsanweisung kochen.
g) Gut abtropfen lassen und mit 1 EL Sauerrahm, Ricotta und dem restlichen Salz in eine große Schüssel geben und gut vermischen.
h) Die Hälfte der Nudelmischung auf den Boden der vorbereiteten Auflaufform geben, gefolgt von der Hälfte der Rindfleischmischung.
i) Wiederholen Sie die Schichten und garen Sie alles für etwa 25 Minuten im Ofen.
j) Mit Parmesan bestreuen und alles weitere ca. 5 Minuten im Ofen garen.

## 69. Butterige Feta-Nudeln

Portionen: 6

**Zutaten**

- 1 Pfund getrocknete Eiernudeln
- 1/2 C. Butter
- 6 Unzen. Griechischer Feta, zerbröckelt

**Richtungen**

a) Eiernudeln nach Packungsanweisung zubereiten (5 Minuten kochen).
b) In einer kleinen Pfanne die Butter bei schwacher Hitze etwa 6 Minuten schmelzen und dann alles von der Hitze nehmen.
c) Auf einer großen Platte etwa 1/3 der Nudeln anrichten und mit 1/3 des Feta-Käses belegen
d) Wiederholen Sie die Schichten zweimal und garnieren Sie alles mit Butter, Salz und schwarzem Pfeffer und werfen Sie es zum Überziehen.

## 70. Indonesische Pfannengerichte

Portionen: 4

**Zutaten**

- 2 (3 oz.) Packungen Ramen-Nudeln
- 2 Esslöffel Öl
- Kochspray
- 2 C. gekochte Hähnchenbrust

**Für die Sauce**

- 2 Esslöffel Sambal Oelek oder Sriracha
- 1 C. Karotte, in Streichhölzer geschnitten
- 2 Esslöffel Reisessig
- 1/4 lb. frische Zuckerschoten, getrimmt
- 2 Esslöffel Zucker
- Schnur entfernt
- 2 Esslöffel Sojasauce
- 5 Frühlingszwiebeln, in Scheiben geschnitten
- 3 Esslöffel Wasser
- 1 C. Erdnüsse, gehackt (aufgeteilt)
- 1 Teelöffel Limettensaft
- 1 (14 oz.) Dosen Sojasprossen, gespült und
- 1 Teelöffel thailändische Fischsauce

- 1/4 Teelöffel Sesamöl
- 1 Teelöffel gehackter Knoblauch
- 1 Esslöffel Maisstärke
- 2 Eier

**Richtungen**

a) Brechen Sie jedes Ramen-Nudelquadrat in 4 Portionen.
b) In einem Topf mit kochendem Salzwasser die Nudeln etwa 2-3 Minuten kochen.
c) Nudeln abgießen und unter kaltem Wasser abspülen. Wieder gut abtropfen lassen.
d) In einer Schüssel alle Saucenzutaten hinzufügen und gut vermischen.
e) Eine große eingefettete Pfanne bei mittlerer Hitze erhitzen.
f) Die Eier aufschlagen und unter ständigem Rühren kochen, bis sie gar sind.
g) Das Rührei auf einen Teller geben und beiseite stellen.
h) Wischen Sie die Pfanne mit den Papiertüchern aus.
i) In derselben Pfanne das Speiseöl erhitzen und die Karotten und

Zuckerschoten etwa 2-3 Minuten unter Rühren braten.

j) Frühlingszwiebeln und 2/3 der Erdnüsse dazugeben und ca. 1 Minute unter Rühren braten.
k) Sojasprossen und Knoblauch zugeben und etwa 1 Minute braten.
l) Mit einem Löffel alle Zutaten an den Außenrand der Pfanne schieben.
m) Fügen Sie die Ramen-Nudeln hinzu und braten Sie sie etwa 1 Minute lang an.
n) Fügen Sie die Hähnchen-Sauce-Mischung hinzu und kochen Sie, bis sie durchgeheizt ist.
o) Die Rühreier unterrühren und kochen, bis sie durchgewärmt sind.
p) Mit den restlichen Erdnüssen servieren.

# 71. Amerikanische Ramen-Pizzas

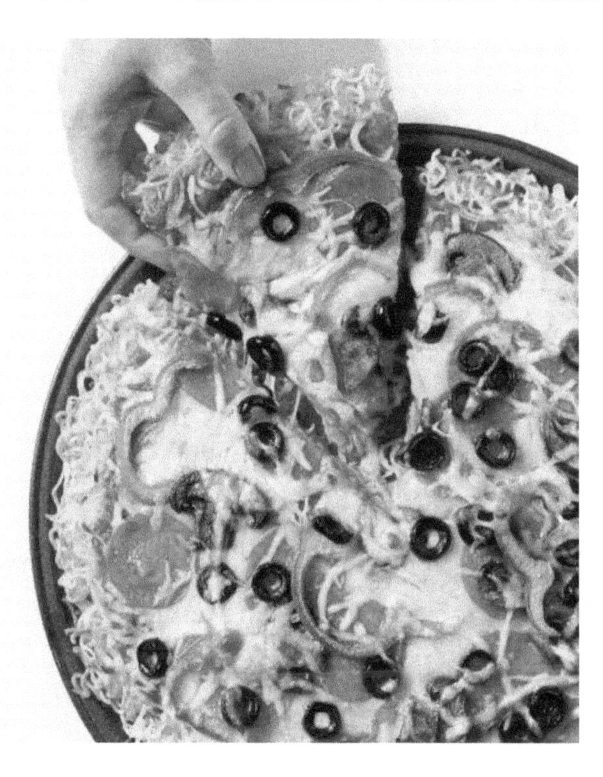

Portionen: 4

**Zutaten**

- 6 Unzen. Ramen-Nudeln, jeder Geschmack
- 1/2 C. Milch
- schwarze Oliven (optional)
- 1 Ei, geschlagen
- Pilz (optional)
- 1/4 C. Parmesankäse, gerieben
- Jalapeño-Scheiben aus der Dose (optional)
- 1 C. Barbecuesauce (nach Wahl)
- Paprika (optional)
- 1 C. gekochtes Huhn, gehackt
- rote Paprikaflocken (optional)
- 1/2 rote Zwiebel, in dünne Scheiben geschnitten
- 11 Unze. Mandarinen, gut abgetropft

**Richtungen**

a) Stellen Sie Ihren Ofen auf 350 Grad F ein, bevor Sie etwas anderes tun, und legen Sie eine Pizzapfanne mit einem gefetteten Stück Folie aus.

b) In einem Topf mit kochendem Salzwasser die Ramen-Nudeln etwa 2-3 Minuten kochen.
c) Nudeln abgießen.
d) In der Zwischenzeit Ei, Milch und Parmesankäse in eine Schüssel geben und gut verrühren.
e) Fügen Sie die Nudeln hinzu und rühren Sie um, um kombiniert zu werden.
f) Die Nudelmischung gleichmäßig auf die vorbereitete Pfanne geben. F
g) Im Ofen etwa 10 Minuten backen.
h) Pfanne aus dem Ofen nehmen und Barbecue-Sauce über Nudeln verteilen, gefolgt von Hähnchen, Zwiebeln und Orangen.
i) Mit dem Mozzarella-Käse gleichmäßig bestreuen.
j) Im Ofen etwa 10-15 Minuten backen.
k) Aus dem Ofen nehmen und vor dem Anschneiden etwa 5 Minuten beiseite stellen.

# 72. Deli-Ramen

Portionen: 1

**Zutaten**

- 1 (3 oz.) Packungen Ramen-Nudeln mit Hühnchengeschmack
- 3 -4 dünne Putenscheiben, in mundgerechte Stücke geschnitten
- 1/4 C. Cheddar-Käse, gerieben
- 1 C. Wasser

**Richtungen**

a) In einer Pfanne 1 C Wasser und Nudeln hinzufügen und zum Kochen bringen.
b) Die Putenstücke über die Nudeln legen und vom Herd nehmen.
c) Fügen Sie das Gewürzpaket hinzu und rühren Sie um, um es gut zu kombinieren.
d) Mit dem Käse bestreuen und abgedeckt beiseite stellen, bis der Käse geschmolzen ist.
e) Sofort servieren.

## 73. Süßer thailändischer Tilapia

Portionen: 4

**Zutaten**

- 2 1/2 oz. Ramen-Nudeln, zerkleinert
- Stücke
- 1 rote Paprika, in Streifen geschnitten
- 1 grüne Paprika, in Streifen geschnitten
- 1 mittelgroße Zwiebel, in Streifen geschnitten
- 2 Esslöffel süße Thai-Chili-Sauce
- 3 Tilapiafilets, in Stücke geschnitten
- 1 Esslöffel Öl
- Paniermehl, für Fisch

**Richtungen**

a) Die Ramen-Nudeln nach Packungsanweisung zubereiten.
b) Nudeln abgießen und beiseite stellen.
c) Eine leicht eingefettete Pfanne erhitzen und die Paprika und Zwiebeln anschwitzen, bis sie weich sind.

d) Fügen Sie die Nudeln hinzu und rühren Sie um, um sie zu kombinieren.
e) Die Tilapia-Stücke gleichmäßig mit den Semmelbröseln bestreichen.
f) In einer Fritteuse das Öl auf 350 Grad erhitzen und die Tilapia-Stücke goldbraun braten.
g) Die Tilapia-Stücke zum Abtropfen auf einen mit Küchenpapier ausgelegten Teller geben. 8. Tilapia-Stücke und Chilisauce in die Nudelmischung geben und umrühren.

## 74. Roter Chili Ramen und Ente

Portionen: 4

## Zutaten

- 5 C. Wasser
- 4 C. Hühnerbrühe
- Sojasprossen, zum Garnieren
- 2 rote Chilis, entkernt und halbiert
- rotes Chile, zum Garnieren
- 8 Scheiben Ingwer
- Koriander, zum Garnieren (Koriander)
- 3 Esslöffel Zitronensaft
- 3 Bund Pak Choi (optional)
- 3 Stängel Zitronengras, gequetscht
- Salz
- 2 Zweige Koriander
- Weißer Pfeffer
- 1 chinesische gegrillte Ente, entgrätet und gehackt
- 4 Schalotten, gehackt
- 150 g getrocknete Ramen-Nudeln

## Richtungen

a) Brühe und Wasser in einen Topf geben und erhitzen, bis die Flüssigkeit köchelt.

b) Galgant, Chilischoten, Limettensaft, Zitronengrasstiele und Koriander dazugeben und ca. 20 Minuten köcheln lassen.
c) Durch ein Sieb die Flüssigkeit abseihen und zurück in die Pfanne geben.
d) Ente und Schalotten hinzugeben und zum Kochen bringen.
e) In der Zwischenzeit in einem anderen Topf mit kochendem Salzwasser die Ramen-Nudeln kochen; kochen, für etwa 3-5 Minuten.
f) Nudeln abgießen
g) Nudeln und Pak Choi in die Suppenbrühe geben und ca. 5 Minuten köcheln lassen.
h) Salz und Pfeffer einrühren und vom Herd nehmen.
i) Suppe auf Servierschalen verteilen und heiß mit Sojasprossen, Chilistreifen und Koriander garnieren.

# 75. Komplexe Tokyo-Nudeln

Portionen: 4

## Zutaten

- 1 Pfund Hühnerflügel
- 2 Esslöffel Sojasauce
- 12 C. Hühnerbrühe
- 1 Teelöffel Zucker
- 1 Esslöffel geröstetes Sesamöl
- 1/4 C. Japanische Sesampaste
- 2 Esslöffel Frühlingszwiebeln, fein gehackt
- 1 Esslöffel japanische Sesampaste
- 1/2-Zoll-Stück Ingwer, fein gehackt
- 2 Teelöffel koscheres Salz
- 1 Knoblauchzehe, fein gehackt
- 1 Pfund frische Ramen-Nudeln
- 1/2 Pfund Hackfleisch
- 1 Esslöffel japanische Chilibohnensauce
- 1/4 C. Frühlingszwiebel, in dünne Scheiben geschnitten

## Richtungen

a) Fügen Sie in einer 8-Liter-Pfanne die Flügel und genug Brühe hinzu, um sie bei mittlerer Hitze zu bedecken, und bringen Sie sie zum Kochen.

b) Etwa 3-3 1/2 Stunden garen, dabei gelegentlich den Schaum abschöpfen.
c) Vom Herd nehmen und die Mischung durch ein feines Sieb in eine große Schüssel abseihen.
d) Entsorgen Sie die Feststoffe und reservieren Sie den Vorrat.
e) In einer 12-Zoll-Pfanne das Öl bei mittlerer Hitze erhitzen und die gehackten Frühlingszwiebeln, den Knoblauch und den Ingwer etwa 2 Minuten lang unter gelegentlichem Rühren anbraten.
f) Fügen Sie das Rindfleisch und den Tobanjan hinzu und kochen Sie es etwa 3-4 Minuten lang, bis das Rindfleisch gar ist.
g) Die beiseite gestellte Brühe, Zucker, Sojasauce, Sesampaste und Salz dazugeben und zum Kochen bringen.
h) Reduziere die Hitze auf mittlere Hitze und koche sie etwa 3 Minuten lang unter ständigem Rühren.
i) Vom Herd nehmen und abgedeckt beiseite stellen.

j) In der Zwischenzeit in einem Topf mit kochendem Salzwasser die Ramen-Nudeln etwa 2-3 Minuten kochen.
k) Die Nudeln abgießen und auf 4 tiefe Servierschüsseln verteilen und mit heißer Brühe aufgießen.
l) Mit den Frühlingszwiebeln garnieren.

## 76. Rindfleisch-Satay-Abendessen

Portionen: 4

## Zutaten

### Für Marinade

- 2 Esslöffel Sojasauce
- 1 Teelöffel frischer Ingwer, gerieben und geschält
- 2 Esslöffel Limettensaft
- 1/3 C. cremige Erdnussbutter
- 1 1/2 Teelöffel Zucker
- 1/3 C. Wasser
- 1 1/2 Teelöffel frischer Ingwer, gerieben, geschält
- 1 Esslöffel Sojasauce
- 1 Knoblauchzehe, gerieben (optional)
- 1/4 Teelöffel rote Paprikaflocken (optional)
- 1/4 Teelöffel rote Paprikaflocken (optional)

### Für Ramen

- 2 Pfund Flankensteaks, dünn geschnitten
- 1/4 C. geröstete Erdnüsse, gehackt

- 3 Frühlingszwiebeln, in Scheiben geschnitten

**Für Erdnusssauce**

- Pflanzenöl, zum Grillen
- 1 Esslöffel Limettensaft
- 2 (3 oz.) Packungen Ramen-Nudeln, gekocht
- 1 Teelöffel Zucker

**Richtungen**

a) Stellen Sie Ihren Grill auf mittlere bis hohe Hitze ein und fetten Sie den Grillrost leicht ein.
b) 12 Holzspieße etwa 15 Minuten im Wasser einweichen.
c) Mischen Sie in einer flachen Schüssel 2 Esslöffel von jeder Sojasauce und Limettensaft und 1 1/2 Teelöffel von jedem Zucker und Ingwer und 1/4 Teelöffel der roten Paprikaflocken.
d) Fügen Sie das Rindfleisch hinzu und werfen Sie es zum Überziehen. Etwa 10 Minuten beiseite stellen.

e) In der Zwischenzeit die restlichen 1 Esslöffel Limettensaft, 1 Teelöffel Zucker, 1 Teelöffel Ingwer, Erdnussbutter, 1/3 C Wasser und Sojasauce in einen Mixer geben und pürieren, bis alles gut vermischt ist.
f) Die Mischung mit den gehackten Erdnüssen, Frühlingszwiebeln und 1/4 Teelöffel der roten Paprikaflocken in eine Schüssel geben und umrühren.
g) Fügen Sie die Ramen-Nudeln hinzu und schwenken Sie sie zum Überziehen.
h) Das Rindfleisch auf Spieße stecken und auf dem Grill ca. 3-4 Minuten pro Seite grillen.
i) Die Rindfleischspieße mit der Ramen-Nudel-Mischung servieren.

## 77. Gebratene Ramen und Eier

Portionen: 8

**Zutaten**

- 3 (3 oz.) Packungen Ramen mit Hühnchengeschmack 2 Esslöffel gemahlene Ingwerwurzelnudeln
- 8 Eier, gut geschlagen
- 3 Esslöffel Sojasauce
- 1 Esslöffel Teriyaki-Sauce
- 1 Esslöffel Reisessig
- 1 Esslöffel Sesamöl
- 4 Esslöffel Olivenöl
- 1 Esslöffel Sesam

**Richtungen**

a) Die Ramen-Nudeln nach Packungsanweisung zubereiten.
b) Gut abtropfen lassen und beiseite stellen.
c) In einer Schüssel die Eier hinzufügen und schlagen, bis sie eine tiefgelbe Farbe haben.
d) Fügen Sie Teriyaki-Sauce, Sojasauce, Reisessig und Sesamöl hinzu und schlagen Sie, bis alles gut vermischt ist.

e) In einer großen Pfanne das Olivenöl erhitzen.
f) Fügen Sie die Ramen-Nudeln hinzu und verteilen Sie die Eiermischung gleichmäßig über den Nudeln.
g) Mit Sesam und gemahlener Ingwerwurzel bestreuen und unter Rühren goldbraun braten.
h) Heiß servieren.

## 78. Eiernudeln nach thailändischer Art

Portionen: 6

**Zutaten**

- 4 Eier
- 1 (10 oz.) Packung gefroren ohne Schale
- 1 Esslöffel Sojasauce
- Edamame (grüne Sojabohnen)
- 1 Esslöffel Sesamöl
- 1 (16 oz.) Packung Eiernudeln
- Rapsöl
- 1/2 C. ungesüßte Sojamilch
- 1 (12 oz.) Päckchen extrafester Tofu,
- 1/2 C. Erdnussbutter
- gewürfelt
- 1/4 C. fettreduzierte Kokosmilch
- 2 C. geschnittene frische Champignons
- 1 Teelöffel Tahin
- 2 C. Brokkoliröschen
- 1/4 C. gehackte Cashewnüsse

**Richtungen**

a) Stellen Sie Ihren Ofen auf 350 Grad F ein, bevor Sie etwas anderes tun.

b) In einer Schüssel Sojasauce und Eier vermischen.
c) Erhitzen Sie eine beschichtete Pfanne bei mittlerer Hitze und kochen Sie die Eimischung etwa 3-5 Minuten lang.
d) Legen Sie die gekochten Eier auf ein Schneidebrett und hacken Sie sie. In einer großen Pfanne beide Öle bei mittlerer Hitze erhitzen und den Tofu etwa 8-10 Minuten braten.
e) Den Tofu in eine Schüssel umfüllen. Brokkoli und Champignons in dieselbe Pfanne geben und etwa 5-7 Minuten braten. Gib die Cashewnüsse in eine Auflaufform und gare sie für etwa 8-12 Minuten im Ofen. Die Edamame in eine mikrowellengeeignete Schüssel geben und zugedeckt etwa 1-2 Minuten in der Mikrowelle erhitzen.
f) In einem großen Topf mit leicht gesalzenem, kochendem Wasser die Eiernudeln etwa 8 Minuten kochen.
g) Gut abtropfen lassen und alles beiseite stellen.
h) In einer großen Pfanne die restlichen Zutaten bei mittlerer Hitze mischen und

unter ständigem Rühren etwa 2-4 Minuten kochen.

i) Nudeln, Tofu, gehackte Eier, Edamame und Brokkoli-Mischung dazugeben und vermischen.
j) Mit einem Topping aus gerösteten Cashewnüssen servieren.

# GNOCCHI-NUDELN

## 79. Pennsylvanian Backroad Gnocchi

Portionen: 4

**Zutaten:**

- 1/2 C. frisch geriebener Parmesan,
- 1 Zucchini, gehackt
- geteilt
- 12 frische Champignons, gereinigt und Stiele
- 1 Teelöffel Olivenöl
- getrimmt
- 2 Esslöffel Pinienkerne
- 12 Traubentomaten
- 1 16 oz. Kartoffel-Gnocchi verpacken
- 10 zerrissene frische Basilikumblätter
- 2 Esslöffel Olivenöl, geteilt

**Richtungen:**

a) Eine beschichtete Pfanne mit dem Kochspray einfetten und bei mittlerer bis niedriger Hitze erhitzen. Etwa 2 Esslöffel Parmesankäse in die Pfanne geben und etwa 1 Minute kochen, bis der Käse zu einem dünnen Kreis schmilzt.

b) Drehen Sie die Chips vorsichtig um und garen Sie sie etwa 30 Sekunden lang.
c) Die Chips auf einen Teller geben und zum Abkühlen beiseite stellen.
d) Machen Sie 3 weitere Käsechips auf die gleiche Weise.
e) In einer Pfanne 1 Teelöffel Olivenöl bei mittlerer Hitze erhitzen und die Pinienkerne etwa 3 dünsten
f) Protokoll. Die Pinienkerne auf einen Teller geben und beiseite stellen. Die Gnocchi nach Packungsanleitung zubereiten.
g) Gnocchi in einem Sieb abtropfen lassen.
h) In einer großen Pfanne 1 Esslöffel Olivenöl bei starker Hitze erhitzen und die Zucchini etwa 2 Minuten anbraten. Die Pinienkerne auf einen Teller geben und beiseite stellen.
i) Reduzieren Sie die Hitze auf mittlere Stufe und garen Sie die Pilze etwa 5 Minuten lang. Den Saft aus der Pfanne abgießen.
j) In derselben Pfanne die gekochten Zucchini, Tomaten, zerrissenen Basilikumblätter, gerösteten Pinienkerne,

abgetropften Gnocchi und die restlichen 1 Esslöffel Olivenöl hinzufügen und kochen, bis sie vollständig erhitzt sind.

k) Die Gnocchi auf Teller verteilen und mit dem Parmesan-Crisp servieren

# 80. Salbei-Mascarpone-Gnocchi

Portionen: 12

**Zutaten**

- 1 Pfund Butternusskürbis
- 1/2 C ungesalzene Butter
- 1 C. Mascarpone-Käse
- 1 Prise Cayennepfeffer
- 1/2 C. fein geriebener Parmigiano-Reggiano
- Salz und gemahlener schwarzer Pfeffer nach Geschmack
- Käse
- 1/4 C. dünn geschnittene frische Salbeiblätter
- 2 große Eier
- 1 Esslöffel fein geriebener Parmigiano-Reggiano
- 1 1/2 Teelöffel Salz
- Käse
- 1/2 Teelöffel gemahlener schwarzer Pfeffer
- 1 C. Allzweckmehl, geteilt

**Richtungen:**

a) Den Strunk des Butternusskürbisses abschneiden und der Länge nach halbieren.
b) Den Butternut-Kürbis in eine mikrowellengeeignete Schüssel geben.
c) Decken Sie die Schüssel mit einer Plastikfolie ab und stellen Sie sie für etwa 8 Minuten in die Mikrowelle.
d) Den Kürbis zum Abkühlen auf einen mit Küchenpapier ausgelegten Teller geben und dann die Haut abziehen.
e) In einer Schüssel den Mascarpone-Käse, 1/2 C. des Parmigiano-Reggiano-Käses, Eier, Salz und schwarzen Pfeffer hinzufügen und glatt rühren.
f) Fügen Sie den Butternut-Kürbis hinzu und schlagen Sie, bis alles gut vermischt ist.
g) Fügen Sie 1/2 C. des Mehls hinzu und schlagen Sie, bis es gerade vermischt ist.
h) Fügen Sie die restlichen 1/2 C. des Mehls hinzu und rühren Sie, bis es gerade vermischt ist.
i) Zugedeckt mindestens 8 Stunden kühl stellen.

j) In einem großen Topf das gesalzene Wasser hinzufügen und zum Kochen bringen.
k) In einer großen beschichteten Pfanne etwa 1/3 der Butter schmelzen und vom Herd nehmen.
l) Nehmen Sie etwa 1 1/2 Teelöffel des Kürbisteigs und schieben Sie den Teig mit einem zweiten Löffel in das kochende Wasser.
m) Mit dem restlichen Teig portionsweise wiederholen.
n) Wenn die Gnocchi an die Wasseroberfläche steigen, noch 1 Minute kochen.
o) Mit einem Schaumlöffel die Gnocchi in die Pfanne mit der geschmolzenen Butter geben.
p) Stellen Sie die Pfanne auf mittlere Hitze und kochen Sie die Gnocchi etwa 3 Minuten lang.
q) Mit Cayennepfeffer, Salz und schwarzem Pfeffer bestreuen.
r) Die Gnocchi wenden und die Salbeiblätter unterrühren.
s) Etwa 2-3 Minuten kochen.

t) Die Gnocchi auf einen Teller geben und mit gebräunter Butter aus der Pfanne beträufeln.
u) Mit 1 Esslöffel Parmigiano-Reggiano-Käse garnieren.

## 81. Yukis japanische Gnocchi

Portionen: 8

**Zutaten**

- 2 C. Kartoffelpüree
- Salz und Pfeffer nach Geschmack
- 3/4 C. gefrorene grüne Erbsen, aufgetaut
- 1 großes Ei
- 2 Teelöffel gehackter Knoblauch
- 2 C. Allzweckmehl, geteilt
- 1 Teelöffel gehackte frische Ingwerwurzel
- 1 Teelöffel Wasabipaste

**Richtungen:**

a) Kartoffeln, Erbsen, Knoblauch, Ingwer, Wasabi, Salz und Pfeffer in eine Küchenmaschine geben und glatt pürieren.
b) Fügen Sie das Ei hinzu und pulsieren Sie, bis das Ei gerade kombiniert ist.
c) Fügen Sie 1 C. des Mehls hinzu und pulsieren Sie, bis gerade kombiniert.
d) Die Kartoffelmischung in eine Schüssel umfüllen.

e) Fügen Sie langsam die restlichen C. des Mehls in die Mischung hinzu und mischen Sie, bis sich ein klebriger Teig bildet.
f) Decken Sie die Schüssel mit einer Plastikfolie ab und kühlen Sie sie, bis sie abgekühlt ist.
g) Etwa 1/2 C des Teigs auf eine gut bemehlte Oberfläche geben und zu einem 1/2-Zoll-Seil rollen.
h) Schneiden Sie das Seil mit einem bemehlten Messer in 1-Zoll-Segmente.
i) Mit dem restlichen Teig wiederholen.
j) In einem großen Topf mit leicht gesalzenem, kochendem Wasser die Gnocchi portionsweise etwa 3 Minuten garen.
k) Gut abtropfen lassen und servieren.

## 82. Gebackene Käse-Gnocchi

Ausbeute: 50 Portionen

**Zutaten**

- 3 Liter Wasser
- 9 Tassen Milch
- 2 Esslöffel koscheres Salz
- 1 Teelöffel frisch geriebene Muskatnuss
- 6 Tassen gelbes Maismehl
- 1 Tasse ungesalzene Butter
- 3 Tassen Parmesankäse
- ¾ Tasse Gekochter Speck
- ¾ Tasse Petersilie
- ⅓ Tasse Frühlingszwiebeln
- 18 Ei
- 1 Esslöffel frisch gemahlener weißer Pfeffer
- 9 Tassen Schweizer Käse

- 1 Tasse Olivenöl
- 1 Esslöffel gemahlener Zimt

**Richtungen:**

a) Kombinieren Sie Wasser, Milch, Salz und Muskatnuss in einem Topf bei mäßiger Flamme.

b) Hitze sehr langsam reduzieren, Maismehl einrühren und weiter rühren, bis es eingedickt ist.

c) Vom Herd nehmen, Butter, Parmesan, Speck, Petersilie, Frühlingszwiebeln, Eier und schwarzen Pfeffer einrühren.

d) Gut mischen und in eine Blechpfanne gießen, bis zu einer Dicke von $\frac{1}{4}$ Zoll.

e) Mit einem Keksausstecher in 2-Zoll-Rundstücke schneiden.

f) Die Runden in eine gebutterte Blechpfanne geben und jede Runde mit 1 Esslöffel geriebenem Schweizer Käse belegen.

g) Leicht mit Olivenöl beträufeln.

h) Bei 350 Grad backen, bis sie knusprig und golden sind.

i) Mit gemahlenem Zimt garnieren und heiß servieren.

## 83. Kichererbsen-Pastinaken-Gnocchi

Ausbeute: 4 Portionen

**Zutaten**

- $1\frac{1}{4}$ Esslöffel Olivenöl
- 2 Tassen Grob gehackte Pastinaken
- $\frac{3}{4}$ Tasse Fein gewürfelte Zwiebeln
- 1 Esslöffel gehackter Knoblauch
- $\frac{1}{2}$ Tasse Kichererbsenmehl
- $\frac{1}{4}$ Tasse Glutenmehl
- 2 Teelöffel Nusshefe
- 1 Teelöffel Salz
- $\frac{1}{4}$ Teelöffel weißer Pfeffer
- Erdnussöl; zum Braten

**Richtungen:**

a) Gemüse anschwitzeneßbars in Öl, bis die Zwiebeln durchscheinend und die Pastinaken weich sind.

b) Verarbeiten, bis eine glatte Paste entsteht. Alle restlichen Zutaten außer Erdnussöl hinzugeben und gut verrühren. Öl in einer 3 Zoll tiefen Pfanne auf 375°C erhitzen. Die Schüssel mit einem Esslöffel mit Teig füllen und mit einem zweiten Löffel in das Öl schöpfen.

c) Es kann helfen, den Löffel zu ölen, aber ich hatte keine Probleme. Braten Sie nicht mehr als vier auf einmal, denn sie sind in weniger als einer Minute fertig und wenn Sie sie länger stehen lassen, verbrennen sie und der Fettgehalt steigt sprunghaft an.

d) Abgießen und servieren.

## 84. Gnocchi alla Giordano

Ausbeute: 8 Portionen

**Zutaten**

- 2 Pfund Backkartoffeln
- 1 Tasse Allzweckmehl
- 1 ganzes Ei plus
- 1 Eigelb, leicht zusammengeschlagen
- 2 Esslöffel ungesalzene Butter, weich
- 1 Teelöffel Salz
- Frisch geriebener Parmesankäse
- Tomatensauce

**Richtungen:**

a) Kartoffeln in der Schale kochen, abtropfen lassen, schälen und durch eine Reismaschine oder Lebensmittelmühle geben. Während die Kartoffeln noch warm sind, Mehl untermischen, Ei, Eigelb, Butter und Salz hinzufügen.

b) Die Kartoffelmischung auf ein bemehltes Brett geben und leicht kneten; der Teig wird weich. Rollen Sie den Teig in 1 Zoll dicke Stäbchen mit einer Länge von etwa 10 Zoll.

c) Schneiden Sie jede Rolle in $\frac{3}{4}$-Zoll-Stücke. Reiben Sie jedes Teigstück leicht über die grobe Seite einer Käsereibe. Kochen Sie die Gnocchi in einem großen Topf mit kochendem Salzwasser, bis sie an die Wasseroberfläche steigen.

d) Mit einem Schaumlöffel die Gnocchi in eine warme Schüssel geben. Mit Parmesan bestreuen, mit Tomatensauce bestreuen und sofort servieren.

## 85. Gnocchi aus Grieß

Ausbeute: 4 Portionen

**Zutaten**

- $3\frac{1}{2}$ Tasse Milch
- $\frac{3}{4}$ Tasse Feiner Grieß
- $\frac{1}{2}$ Tasse Butter
- 6 Esslöffel Parmesankäse
- 2 Eigelb
- Salz
- Pfeffer
- Prise gemahlene Muskatnuss
- Semmelbrösel

**Richtungen:**

a) Diese werden manchmal für eine römische Spezialität gehalten, aber tatsächlich werden sie in ganz Italien gegessen.

b) Milch mit einer Prise Salz erhitzen, und wenn sie kocht, nach und nach den Grieß hinzugeben, dabei die ganze Zeit mit einem Holzlöffel umrühren, um Klümpchen zu vermeiden.

c) Unter Rühren 20 Minuten weiterkochen. Vom Herd nehmen und 2 Esslöffel Butter in kleinen Stücken hinzufügen. dann nach und nach 2 EL Parmesankäse, das Eigelb nach und nach, eine Prise Pfeffer und Muskat unterrühren. Ölen Sie 1 oder 2 große Teller oder reinigen Sie die Marmorküchenplatte und gießen Sie die Grießmischung darauf. Mit einem kalten, feuchten Spatel auf eine Dicke von $\frac{1}{2}$ Zoll verteilen und abkühlen lassen.

d) Ofen auf 350 Grad F (175 Grad C) vorheizen. Restliche 6 Esslöffel Butter schmelzen; Verwenden Sie etwas Butter, um die Auflaufform einzufetten, die Sie kochen möchten, und servieren Sie die Gnocchi darin.

e) Aus dem Grießteig Quadrate oder Kreise ausstechen und in eine gefettete Form legen. Mit Butter beträufeln und mit Parmesan bestreuen, eine zweite Schicht Gnocchi darauf legen und so weiter.

f) Streuen Sie die Semmelbrösel über die Gnocchi und backen Sie sie etwa 20 Minuten lang oder bis sie goldbraun sind.

## 86. Pfeilspitzen von Gnocchi aus blauem Mais

Ausbeute: 6 Portionen

**Zutaten**

- 2 mittelgroße Kartoffeln
- 8 Liter Wasser
- 5 Unzen weicher weißer Ziegenkäse
- 3 Unzen getrocknete rote Guajillo-Chilis
- ½ Tasse getrocknete Kürbiskerne
- 4 Eier
- 1½ Tasse Allzweckmehl
- 1½ Tasse blaues Maismehl
- 2 Esslöffel Salz
- ½ Teelöffel Salz
- ½ Teelöffel weißer Pfeffer
- 5½ Tasse Wasser

**Richtungen:**

a) Für die Gnocchi die Kartoffeln schälen und in 2 Liter Wasser kochen, bis sie weich und gar sind.

b) Kartoffeln und Ziegenkäse in einer Küchenmaschine mischen und ca. 2 Minuten lang klumpenfrei verarbeiten. Fügen Sie die Eier hinzu und verarbeiten Sie eine weitere Minute. Die Mischung sollte Kitt ähneln.

c) Rühren Sie das Mehl und das blaue Maismehl zusammen. Gießen Sie die Kartoffelmischung in eine Schüssel und fügen Sie 2 Tassen der Mehl-Maismehl-Mischung hinzu. Alles gründlich zu einem Teig verkneten.

d) Ein Holzschneidebrett mit der Hälfte der restlichen Mehl-Maismehl-Mischung bestäuben und den Teig darauf legen. Flachdrücken und mit dem restlichen Mehl und Maismehl bestreuen.

e) Mehl und Maismehl in den Teig kneten, bis er steif wird. Der Teig ist fertig, wenn er nicht mehr am Brett haftet. Wenn die Mischung noch weich, feucht und klebrig ist, fügen Sie etwas mehr Mehl hinzu.

f) Den Teig mit den Händen auf einem Brett zu einer langen Rolle mit einem Durchmesser von 2 cm formen. Mit einem Messer den Teig in 1 cm dicke Scheiben schneiden. Bemehlen Sie ein weiteres Brett und rollen Sie jedes 1-Zoll-Stück in einen dünnen Streifen von etwa $\frac{1}{2}$ Zoll Breite und 16 Zoll Länge.

g) Die Streifen mit den Händen etwa 2,5 cm breit flach drücken und den Teig mit einem Messer in Pfeilspitzen oder jede andere gewünschte Form schneiden. Beiseite legen.

h) Für die Guajillo-Chile-Sauce Chilis, Kürbiskerne, Salz und Pfeffer in eine Küchenmaschine geben und 1 Minute verarbeiten. Fügen Sie das Wasser in kleinen Mengen hinzu, bis es vollständig vermischt ist, etwa 4 Minuten lang.

i) Drücken Sie die Mischung durch ein feines Sieb und entsorgen Sie das Fruchtfleisch.

j) In einem Topf die Chili-Mischung bei mittlerer Hitze 4 Minuten lang erhitzen, bis sie zu kochen beginnt. Hitze reduzieren und 15 Minuten köcheln lassen, bis es eingedickt ist.

k) Während die Sauce köchelt, die Gnocchi kochen. In einem großen Topf 6 Liter Wasser mit dem Salz zum Kochen bringen. Die Gnocchi hinzugeben und 2 bis 3 Minuten garen, dabei häufig vorsichtig umrühren, damit sie nicht kleben. Zuerst sinken die Gnocchi zu Boden; Während sie kochen, beginnen sie, ihre Form zu behalten und an die Oberfläche zu schwimmen.

l) Sobald die Gnocchi oben aufgegangen sind, mit einer Schaumkelle aus dem kochenden Wasser nehmen.

m) $\frac{1}{2}$ Tasse Sauce auf jeden Teller geben, mit den Gnocchi garnieren und sofort servieren.

## 87. Gnocchi mit Cherry-Tomaten-Sauce

Ausbeute: 1 Portionen

**Zutaten**

- 2 Esslöffel Olivenöl
- 2 Knoblauchzehen; dünn geschnitten
- 300 Gramm Kirschtomaten; halbieren
- 400-Gramm-Packung frische Gnocchi
- Salz und frisch gemahlener schwarzer Pfeffer
- 1 große Wanne frisches Basilikum; Blätter zerrissen
- Frisch geriebener Parmesankäse;

**Richtungen:**

a) Das Öl in einer großen Bratpfanne erhitzen, den Knoblauch hinzufügen und 1 Minute braten.

b) Die Tomaten zugeben und 8-10 Minuten langsam garen.

c) Salzwasser in einem großen Topf zum Kochen bringen und die Gnocchi nach Packungsanweisung garen.

d) Die Tomaten würzen und die Hälfte der zerzupften Basilikumblätter unterrühren.

e) Die abgetropften Gnocchi auf eine Servierplatte geben und mit der Tomatensauce übergießen. Mit dem restlichen Basilikum bestreuen und mit geriebenem Parmesan servieren.

## 88. Gnocchi mit frischen Tomaten & Oliven

Ausbeute: 1 Portionen

**Zutaten**

- 1 Pfund frische Eiertomaten
- 6 Esslöffel natives Olivenöl extra
- 2 Knoblauchzehen, in dünne Scheiben geschnitten
- $\frac{1}{2}$ Tasse Grüne Oliven
- $\frac{1}{4}$ frisch geräucherter Mozzarella
- 1 Pfund Gnocchi
- 2 Esslöffel frische Majoranblätter
- Salz und Pfeffer nach Geschmack

**Richtungen:**

a) Bringen Sie 6 Liter Wasser in einem großen Spaghetti-Topf zum Kochen und fügen Sie 2 Esslöffel Salz hinzu.

b) Entfernen Sie die Stielenden von den Tomaten und schneiden Sie die Tomaten in $\frac{1}{4}$-Zoll-Würfel, wobei Sie den gesamten Saft aufbewahren. In einer 12-Zoll- bis 14-Zoll-Bratpfanne Olivenöl erhitzen, bis es raucht.

c) Knoblauch hinzufügen und 30 Sekunden kochen, bis er hellbraun ist. Tomaten und Saft hinzufügen und 2 Minuten kochen. Oliven zugeben und vom Herd nehmen.

d) Geräucherten Mozzarella in $\frac{1}{4}$-Zoll-Würfel schneiden und beiseite stellen. Gnocchi in kochendes Wasser geben und kochen, bis sie schwimmen (ca. 3 Minuten). Gnocchi in ein Sieb abgießen und vorsichtig in die Pfanne mit der Tomatenmischung gießen.

e) Erhitzen Sie es erneut und schwenken Sie es vorsichtig, bis es sprudelt. Mozzarella, Majoranblätter dazugeben und mit Salz und Pfeffer würzen. In eine vorgewärmte Servierschüssel gießen und sofort servieren.

## 89. Gnocchi mit Kräuterpesto

Ausbeute: 1 Portionen

**Zutaten**

- 6 Liter gesalzenes Wasser
- Gnocchi
- ½ Tasse Hühnerbrühe oder reserviertes Gnocchi-Kochwasser
- 3 Esslöffel ungesalzene Butter
- 1 Tasse grüne Bohnen
- 6 Esslöffel Kräuterpesto
- Salz und Pfeffer
- ½ Tasse Frisch geriebener Parmigiano-Reggiano-Käse

**Richtungen:**

a) Das gesalzene Wasser zum Kochen bringen und dann die Gnocchi hinzugeben. Kochen Sie die Gnocchi unter leichtem Rühren, bis sie weich sind, etwa 1 Minute, nachdem sie an die Oberfläche des Topfes gestiegen sind.

b) In der Zwischenzeit in einer großen, tiefen Pfanne die Brühe und die Butter bei mittlerer Hitze zum Kochen bringen. Bohnen und Pesto dazugeben und mit Salz und Pfeffer abschmecken. Zum Kochen bringen und vom Herd nehmen.

c) Gnocchi aus dem Wasser nehmen und in die Pfanne geben. Erhitzen, bis es mit der Soße überzogen ist. Vom Herd nehmen und den Käse einrühren. Sofort servieren.

## 90. Gnocchi mit Pilz-Kräuter-Ragout

Ausbeute: 3 Portionen

**Zutaten**

- 2 große Bratkartoffeln
- 2 Eier
- 1 Tasse Mehl; oder weniger
- 1 Salz; schmecken
- 1 frisch gemahlener weißer Pfeffer; schmecken
- 1 Esslöffel Butter
- 1 Tasse geschnittene Shiitake-Pilze
- 1 Tasse Tomaten Concasse
- 1 (geschälte; entkernte und gewürfelte Tomaten
- 1 Esslöffel gehacktes Basilikum
- 1 Esslöffel gehackte Petersilie
- 1 Esslöffel gehackter Schnittlauch
- 1 Parmesankäse; für garnieren

**Richtungen:**

a) Backofen auf 375 Grad vorheizen. Mit einer Gabel Kartoffeln überall einstechen; backen, bis sie weich sind, 45 Minuten bis 1 Stunde. Noch heiße Kartoffeln aufschneiden und das Fruchtfleisch in eine Rührschüssel geben.

b) Mit einem Holzlöffel kräftig schlagen, Eier hinzufügen, dann nach und nach genügend Mehl hinzufügen, um einen festen, aber formbaren Teig zu erhalten, der flexibel genug ist, um aus einem Spritzbeutel zu spritzen. Mit Salz und Pfeffer abschmecken. Den Teig in einen Spritzbeutel mit einer $\frac{3}{4}$-Zoll-Spitze geben und lange Zylinder auf ein mit Wachspapier ausgelegtes Backblech spritzen. Chill bis fest. Schneiden Sie jeden Zylinder in 1-Zoll-Stücke.

c) Die Arbeitsfläche leicht bemehlen und die Stücke einzeln über die Zinken einer Gabel oder über einen Gnocchi-Dübel rollen. Einen großen Topf mit Salzwasser zum Kochen bringen. Eine Bratpfanne bei schwacher Hitze erhitzen, Butter und dann die Pilze hinzufügen. Nach 1 Minute Tomaten hinzugeben.

d) Umrühren und 2 Minuten kochen. In der Zwischenzeit die Gnocchi kochen und dabei häufig testen, ob sie gar sind.

e) Mit einem großen geschlitzten Löffel oder einer Spinne die Gnocchi in die Pfanne nehmen und mit der Pilzmischung und den Kräutern schwenken; mit Salz und Pfeffer abschmecken.

f) In vorgewärmten flachen Schalen mit frisch geriebenem Käse servieren.

## 91. Gnocchi mit Salbei, Butter und Parmesan

Ausbeute: 2 Portionen

**Zutaten**

- 10 Unzen Kartoffeln
- 3½ Unzen einfaches Mehl; gesiebt, plus a
- 1 großes Ei; leicht geschlagen
- Salz und frisch gemahlener schwarzer Pfeffer
- 2 Unzen Butter
- 1 große Knoblauchzehe; geschält und zerkleinert
- 8 frische Salbeiblätter
- 3 Esslöffel frisch geriebener Parmesan

**Richtungen:**

a) Die Kartoffeln mit Schale in einen Topf geeigneter Größe geben, fast mit kochendem Wasser bedecken, etwas Salz hinzufügen, dann einen Deckel aufsetzen und 20-25 Minuten köcheln lassen, bis sie weich sind.

b) 2 Gut abtropfen lassen und mit einem Geschirrtuch in der Hand mit einem Kartoffelschäler schnell die Schale abschälen. Dann die Kartoffeln in eine große Schüssel geben und mit einem elektrischen Schneebesen bei langsamer Geschwindigkeit beginnen, die Kartoffeln zu zerkleinern, dann die Geschwindigkeit erhöhen und nach und nach schlagen, bis sie glatt und locker sind. Lassen Sie sie nun abkühlen.

c) Das gesiebte Mehl zusammen mit der Hälfte des verquirlten Eies zu den Kartoffeln geben, leicht würzen und mit einer Gabel die Mischung vermengen.

d) Kneten Sie die Mischung mit den Händen leicht zu einem weichen Teig - Sie müssen möglicherweise einen Teelöffel oder so mehr von dem Ei hinzufügen, wenn es ein wenig trocken ist. Nun die Masse auf eine leicht bemehlte Fläche geben, die Hände bemehlen und vierteln.

e) Rollen Sie nun jedes Viertel zu einer Wurst mit einem Durchmesser von etwa 2,5 cm, schneiden Sie es dann diagonal in 2,5 cm große Stücke und legen Sie sie auf ein Tablett oder einen Teller, während sie geschnitten werden. Mit Frischhaltefolie abdecken und mindestens 30 Minuten kalt stellen, länger geht nicht.

f) Mit einer Gabel mit den Zinken nach oben die Gabel auf eine Seite jedes Gnocchis drücken, sodass auf jedem eine Reihe von Graten entsteht. Gleichzeitig lockern Sie sie in Halbmondformen.

g) Die Rillen sind dazu da, die Soße aufzunehmen. Decken Sie die Gnocchi ab und kühlen Sie sie erneut, bis Sie bereit sind, sie zu kochen.

h) So kochen Sie die Gnocchi: Bringen Sie zunächst einen großen, flachen Topf mit etwa 3,5 Liter Wasser zum Kochen und stellen Sie die Servierplatte zum Erwärmen in einen niedrigen Ofen.

i) Dann die Gnocchi ins Wasser geben und ca. 3 Minuten garen; Sie werden nach etwa 2 Minuten anfangen, an die Oberfläche zu schwimmen, aber sie brauchen insgesamt 3. Wenn sie fertig sind, die Gnocchi mit einem Abtropflöffel herausnehmen und auf eine warme Servierplatte geben.

j) Zum Servieren die Butter mit dem Knoblauch bei sanfter Hitze schmelzen, bis der Knoblauch eine nussbraune Farbe annimmt - etwa 1 Minute.

k) Als nächstes die Salbeiblätter hinzufügen und die Butter aufschäumen lassen, während die Salbeiblätter knusprig werden - etwa 30 Sekunden - dann die Buttermischung über die warmen Gnocchi geben. Die Hälfte des Parmesans darüber streuen und den Rest separat servieren.

## 92. Grüne Gnocchi mit Caduta di Formaggio

Ausbeute: 4 Portionen

**Zutaten**

- 4 Unzen Gorgonzola
- 2 Unzen Butter
- 1 Unze Grappa
- 1 Portion grüne Gnocchi
- $\frac{1}{2}$ Tasse geriebener Asiago
- $\frac{1}{4}$ Tasse gehackter Schnittlauch

**Richtungen:**

a) Bringen Sie 6 Liter Wasser zum Kochen und fügen Sie 2 Esslöffel Salz hinzu.

b) In einer 12 bis 14 Zoll Bratpfanne Gorgonzola und Butter zu einer glatten Masse zerdrücken. Grappa hinzufügen und 4 Minuten köcheln lassen.

c) Gnocchi in Wasser geben und auf kleiner Flamme kochen, bis sie schwimmen. Gut abtropfen lassen und in die Pfanne geben.

d) Bei mittlerer Hitze schwenken, Asiago und Schnittlauch hinzufügen, in eine vorgewärmte Schüssel gießen und servieren.

# SPAGHETTI

## 93. Kürbis-Spaghetti

Portionen: 4

**Zutaten**

- 1 mittelgroßer Spaghettikürbis
- Salz und Pfeffer
- 1/2 C. geriebener Parmesankäse
- 1/4-1/2 C. Butter

**Richtungen:**

a) Bevor Sie etwas tun, heizen Sie den Ofen auf 350 F vor.
b) Mit einem scharfen Messer oder einer Gabel den Kürbis mehrmals einstechen. Legen Sie es in ein Backblech.
c) Stellen Sie die Kürbispfanne in den Ofen und lassen Sie sie 65 Minuten kochen, bis sie weich wird.
d) Wenn die Zeit abgelaufen ist, nehmen Sie den Kürbis aus dem Ofen und lassen Sie ihn einige Minuten ruhen, um abzukühlen.
e) Schneiden Sie es in zwei Hälften und entsorgen Sie die Samen. Verwenden Sie eine Gabel, um das Kürbisfleisch zu zerkleinern.

f) Holen Sie sich eine Rührschüssel: Mischen Sie darin die Kürbisspaghetti mit Butter, Käse, einer Prise Salz und Pfeffer.
g) Die Spaghetti mit etwas frischem Oregano garnieren und servieren.
h) Genießen.

## 94. Spaghetti-Caprese

Portionen: 1

Zutaten

- 1 C. frische Tomate, gewürfelt
- Salz,
- 1 Esslöffel Zwiebel, gehackt
- 1 Prise Pfeffer
- 1 Esslöffel Olivenöl, geteilt
- 4 Unzen. Spaghetti
- 1/2 Teelöffel Zucker
- 1 Esslöffel frischer Basilikum, gehackt

**Richtungen:**

a) Bereiten Sie die Nudeln zu, indem Sie die Anweisungen auf der Verpackung befolgen.
b) Stellen Sie einen großen Topf auf mittlere Hitze. 1/2 EL Öl darin erhitzen. Darin die Zwiebel 2 Minuten anschwitzen.
c) Reduzieren Sie die Hitze und rühren Sie die Tomaten, den Zucker, den Pfeffer und das Salz ein. Lassen Sie sie 6 Minuten kochen.

d) Basilikum mit 1/2 EL Öl unter die Sauce rühren. Mischen Sie sie gut. Schalten Sie die Hitze aus und lassen Sie es einige Minuten ruhen.
e) Die Sauce über die Spaghetti geben und warm servieren.
f) Genießen.

## 95. Slowcooker-Spaghetti

Portionen: 6

Zutaten

- 1 Pfund Hackfleisch
- 1 1/2 Teelöffel italienische Gewürze
- 2 Esslöffel Instant gehackte Zwiebel
- 4 Unzen. Pilze
- 1 Teelöffel Salz
- 3 C. Tomatensaft
- 1/2 Teelöffel Knoblauchpulver
- 4 Unzen. Spaghetti, in Stücke gebrochen
- 8 Unzen. Tomatensauce

**Richtungen:**

a) Stellen Sie einen Schmortopf auf mittlere Hitze. Darin das Rindfleisch 6 Minuten garen.

b) Zwiebel mit Tomatensoße, Champignons, Tomatensaft, italienischem Gewürz, Knoblauchpulver und Salz einrühren.

c) Den Deckel auflegen und 7 h auf niedriger Stufe garen lassen.

d) Sobald die Zeit abgelaufen ist, fügen Sie die Nudeln hinzu. Den Deckel auflegen und 60 Minuten auf hoher Stufe garen lassen.
e) Genießen.

# 96. Carbonara-Spaghetti

Portionen: 4

**Zutaten**

- 12 Unzen. Spaghetti
- 3 Eier
- 1 Esslöffel Olivenöl
- 1 1/4 C. Sahne
- 1 Zwiebel, gehackt
- 2 Unzen. Parmesan Käse
- 4 Unzen. Speck, gewürfelt
- Salz und Pfeffer
- 1 Knoblauchzehe, gehackt

**Richtungen:**

a) Bereiten Sie die Nudeln zu, indem Sie die Anweisungen auf der Verpackung befolgen.
b) Stellen Sie eine Pfanne auf mittlere Hitze. Öl darin erhitzen. Braten Sie darin den Speck mit Zwiebeln für 6
c) Protokoll.
d) Fügen Sie den Knoblauch hinzu und kochen Sie ihn 1 Minute lang.

e) Holen Sie sich eine Rührschüssel: Verquirlen Sie darin die Eier mit Sahne, einer Prise Salz und Pfeffer.
f) Fügen Sie sie der Zwiebel-Speck-Mischung hinzu. Rühren Sie sie gut um und lassen Sie sie 3 bis 5 Minuten bei schwacher Hitze kochen.
g) Fügen Sie die Nudeln der Sauce hinzu und rühren Sie sie zu einem Mantel.
h) Passen Sie die Würze der Nudeln an und servieren Sie sie dann warm.
i) Genießen.

## 97. Chinesische Spaghetti

Portionen: 6

**Zutaten**

- 8 Unzen. Spaghetti, ungekocht
- 1 Esslöffel Rapsöl
- 1 Esslöffel Maisstärke
- 2 C. frische Kaiserschoten
- 4 Esslöffel natriumreduzierte Sojasauce,
- 2 C. Karotten, geraspelt
- geteilt
- 3 Frühlingszwiebeln, gehackt
- 2 Esslöffel Sesamöl, geteilt
- 3/8 Teelöffel gemahlener Ingwer, gehackt
- 1 Pfund Hähnchenbrust ohne Knochen, ohne Haut,
- 1/2 Teelöffel zerkleinerte Paprikaflocken
- in Stücke schneiden
- 2 Esslöffel weißer Essig
- 1 Esslöffel Zucker

**Richtungen:**

a) Bereiten Sie die Nudeln zu, indem Sie die Anweisungen auf der Verpackung befolgen.
b) Holen Sie sich eine Rührschüssel: Mischen Sie darin die Maisstärke und 1 Esslöffel Sojasauce. Für die Marinade 1 Esslöffel Sesamöl einrühren.
c) Legen Sie das Huhn in einen Reißverschlussbeutel. Die Sesamölsauce darüber gießen. Drücken Sie den Beutel, um ihn zu versiegeln, und schütteln Sie ihn, um ihn zu beschichten.
d) Legen Sie es beiseite und lassen Sie es 12 Minuten lang die Aromen aufnehmen.
e) Holen Sie sich eine Rührschüssel: Mischen Sie darin Essig, Zucker, restliche Sojasauce und Sesamöl, um die Sauce herzustellen.
f) Stellen Sie eine große Pfanne auf mittlere Hitze. Rapsöl darin erhitzen. Fügen Sie das marinierte Hühnchen hinzu und kochen Sie es 7 bis 10 Minuten lang, bis es fertig ist.
g) Das Huhn abtropfen lassen und beiseite stellen. Fügen Sie die Karotten mit

Erbsen hinzu und kochen Sie sie 6 Minuten lang.

h) Frühlingszwiebeln, Ingwer und Pfefferflocken unterrühren. Lassen Sie sie 6 bis 7 Minuten kochen, bis sie Ihren Wünschen entsprechen.

i) Rühren Sie das gekochte Hähnchen mit Essigsauce und Spaghetti ein. Kochen Sie sie für 2 Minuten. Servieren Sie Ihre Hähnchen-Spaghetti-Pfanne warm. Genießen.

## 98. Pasta-Wurst-Pfanne

Portionen: 4

**Zutaten**

- 1/2 Pfund mageres Hackfleisch
- 2 Sellerierippchen, in Scheiben geschnitten
- 1/4 lb. Bulk italienische Wurst
- 4 Unzen. ungekochte Spaghetti, in zwei Hälften gebrochen
- 2 (8 oz.) Dosen Tomatensauce ohne Salzzusatz
- 1/4 Teelöffel getrockneter Oregano
- 1 (14 1/2 oz.) Dosen geschmorte Tomaten
- Salz und Pfeffer
- 1 C. Wasser
- 1 (4 oz.) Dosen Pilzstiele und -stücke,
- entwässert

**Richtungen:**

a) Stellen Sie eine Pfanne auf mittlere Hitze. Darin die Wurst mit Rindfleisch 8 Minuten anbraten. Entsorgen Sie das Fett.

b) Die restlichen Zutaten unterrühren. Kochen Sie sie, bis sie zu kochen beginnen. Den Deckel auflegen und 15 bis 17 Minuten kochen lassen.
c) Servieren Sie Ihre Nudelpfanne warm. Mit einigen gehackten Kräutern garnieren.

## 99. Gilroy-Knoblauch-Spaghetti

Portionen: 2

**Zutaten**

- 8 Unzen. Spaghetti
- frisch gemahlener schwarzer Pfeffer
- 1 rohes Ei
- rote Paprikaflocken
- 5 -8 Knoblauchzehen, geschält und auspressen
- vegetarische Speckstücke
- 4 Esslöffel Butter
- Parmesan Käse
- 1/4-1/3 C. geriebener Parmesankäse
- schwarzer Pfeffer
- 1 Teelöffel getrocknete süße Basilikumblätter
- 1/4 C. gehackte Petersilie

**Richtungen:**

a) Bereiten Sie die Nudeln gemäß den Anweisungen auf der Verpackung vor, bis sie dente werden.

b) Holen Sie sich einen Mixer: Kombinieren Sie darin das Ei, den Knoblauch, die

Butter, den geriebenen Parmesankäse und das getrocknete süße Basilikum. Mischen Sie sie glatt, um die Sauce zu machen. 3. Holen Sie sich eine Servierschüssel: Werfen Sie die Nudeln mit der Knoblauchsauce hinein.

c) Passen Sie die Gewürze an, wenn die Spaghetti-Sauce. Servieren Sie es mit etwas Knoblauchbrot.
d) Genießen.

## 100. Schnelle Spaghettipfanne

Portionen: 4

**Zutaten**

- 1 Pfund Putenhackfleisch
- 1/2 Teelöffel rote Paprikaflocken
- 2 Knoblauchzehen, gehackt
- 8 Unzen. ungekochte Spaghetti, in Drittel gebrochen
- 1 kleine grüne Paprika, gehackt
- Parmesan Käse
- 1 kleine Zwiebel, gehackt
- 2 C. Wasser
- 1 (28 oz.) Gläser Spaghetti nach traditioneller Art
- Soße

**Richtungen:**

a) Stellen Sie einen großen Topf auf mittlere Hitze. Darin den Truthahn mit Knoblauch, Zwiebel und Paprika 8 Minuten garen.
b) Das Wasser mit Paprikaflocken, Spaghettisoße, einer Prise Salz und Pfeffer hinzugeben.

c) Kochen Sie sie, bis sie zu kochen beginnen. Die Spaghetti in den Topf geben.
d) Bringen Sie es 14 bis 16 Minuten lang zum Kochen oder bis die Nudeln fertig sind.
e) Holen Sie sich eine Rührschüssel:
f) Genießen.

## FAZIT

Nudeln gibt es in vielen verschiedenen Formen, Formen und Größen. Es geht nicht nur darum, den Nudelteig herzustellen. Es ist auch das, was Sie damit machen wollen, wenn Sie es einmal gemacht haben. Am einfachsten ist es beispielsweise, Nudelteig zu rollen und dann in lange Streifen vom Typ Linguine zu schneiden. Dies ist Pasta-Herstellung in ihrer einfachsten Form und oft die erste Wahl für Pasta-Neulinge. Es lässt sich jedoch noch viel mehr erreichen und dieses Buch zeigt Ihnen, was Sie sonst noch aus Ihrem frisch zubereiteten Nudelteig machen können.

CPSIA information can be obtained
at www.ICGtesting.com
Printed in the USA
BVHW091745150222
629082BV00003B/45